多元文化语境中的
汉语语音习得

DUOYUAN WENHUA YUJING ZHONG DE
HANYU YUYIN XIDE

何丽芳 著

中国社会科学出版社

图书在版编目（CIP）数据

多元文化语境中的汉语语音习得/何丽芳著.—北京：中国社会科学出版社，2017.7
ISBN 978-7-5203-0572-3

Ⅰ.①多… Ⅱ.①何… Ⅲ.①汉语—语音—对外汉语教学—教学研究 Ⅳ.①H195.3

中国版本图书馆CIP数据核字（2017）第131638号

出 版 人	赵剑英
选题策划	刘 艳
责任编辑	刘 艳
责任校对	陈 晨
责任印制	戴 宽

出　　版	中国社会科学出版社
社　　址	北京鼓楼西大街甲158号
邮　　编	100720
网　　址	http://www.csspw.cn
发 行 部	010-84083685
门 市 部	010-84029450
经　　销	新华书店及其他书店

印　　刷	北京明恒达印务有限公司
装　　订	廊坊市广阳区广增装订厂
版　　次	2017年7月第1版
印　　次	2017年7月第1次印刷

开　　本	710×1000 1/16
印　　张	13.75
插　　页	2
字　　数	188千字
定　　价	59.00元

凡购买中国社会科学出版社图书，如有质量问题请与本社营销中心联系调换
电话：010-84083683
版权所有　侵权必究

序

枫叶之国的中华文化使者

陈学超

在五千年的历史长河中，中国大陆东南面对茫茫大海，西北背靠高山大漠，在封闭的自然经济状态下，曾经创造了世界第一流的文明，第一流的语言文字。古代中国人不需要学习外语，外国人也不需要学习汉语。然而，到了19世纪，世界格局发生了剧烈变化，西方的坚炮利舰打开了中国闭关锁国的大门，中国人不得不放弃中国乃世界之中的盲目自恋。一批批外国传教士到中国，传《圣经》、教英语、学汉语；一批批中国留学生到西方，学科学、学英语、教汉语。更有像赵元任那样的一批学者，在西方孜孜不倦地探索汉语作为第二语言的学习、教学的规律，并广招洋学生，教授汉语文，成为卓越的中华文化使者。

从20世纪90年代以来，中国从改革开放到大国崛起，国际经济文化交流空前繁盛广泛。从国内的英语热到外国的汉语热，从吸引大批外国留学生到中国国内学汉语到派大批教师到海外教汉语，"汉语作为第二语言教学"成为一门新兴的热门专业。世界各国的知名大学也大都设立了中文专业，海外一批年轻优秀的应用语言学者，以

"国际汉语教学之父"赵元任为楷模,借鉴英语 TESL 的理论学理,总结教学第一线的大量案例,在海外汉语教学领域做出了创造性的研究。加拿大西安大略大学的何丽芳博士,便是其中的一位。

何丽芳博士20世纪90年代移民加拿大,并开始进入汉语教学领域。此后,曾随丈夫方骏博士到香港教育学院(现为香港教育大学)中国语文中心教授汉语。在日本时曾应聘到香港教育学院中文系执教。2005年何丽芳返回加拿大多伦多,至今一直在加拿大西安大略大学教授汉语。其间,何丽芳先后随周小兵和我攻读应用语言学专业博士学位,并把对加拿大学生的汉语语音教学研究,作为自己一生最重要的学术生长点。

这本书所研究目标即是,探讨以英语为母语、年龄过了语言学习"关键期"、处于多元文化语境下的加拿大大学生,如何摆脱"洋腔洋调"学得一口"纯正地道"的汉语,并试图为此设计一套成功习得汉语语音的教学框架。这是一个兼及专业理论、实践应用的综合研究课题,是一个教学"行动研究"(Action Receachi in Classroom)课题。它既需要语言学、交际学、教育学的理论准备,又需要有汉语作为第二语言教学的课堂第一线的实际经验和深入考察。这些正是何丽芳博士所兼备的。这一课题当然也正是目前加拿大汉语教学研究所亟须的。

枫叶之国加拿大,是一个奉行多元文化的美丽平和的国家。近年来华人移民空前增加,中加经济文化交流十分频繁。汉语已成为仅次于其官方语言英语、法语而被学习和使用最多的语种。而在多伦多,到处是挂着中文招牌的商店、餐馆,银行取钱机也都有中文标识,甚至还有一片片"清华区"(清一色的华人区)。这样一来,不但华裔第二代、第三代寻根问祖,热切地学习汉语与中华文化;加拿大人为了与中国交往、与华人交流,也纷纷学习汉语,出现了像大山那样闻名遐迩的洋人汉语精英,以及一批批把汉语也说得字正腔圆的"小山"们。这样的情景，就对加拿大的汉语教学的专业人才提出了更高的要求。汉语作为第二语言教学，是一门年轻的学科。中国国内改革开放后出版的几本教师培训教材，尚处于启蒙水平。相比之下，北美一些大学的汉语教学研究，吸收英语二语教学法（TESL）的研究成果，在赵元任奠基的普林斯顿汉语教学模式的带动下，从理论到实践的探讨上都提早深入了一步。20世纪80年代末，我在美国衣阿华大学（The University of Iowa）中文系执教，除了教授研究生的现代文学、古代文学、中国书法课以外，还带了一班二年级的中文课，这一机遇使我有机会了解到北美汉语二语教学的状况。特别是通过周质平、林培瑞、李英哲、陈炳藻等当时北美汉语教学第一线的兄长先贤，了解领会了有代表性的普林斯顿的汉语教学方法、明德学院（Middlebury College）暑期沉浸班的教学模式，以及交际法、功能法、视觉刺激法、情景会话法等语言教学经验，对于汉语二语教学的专业性、技能性有了较深的理解。所以当我自己有机会指导汉语国际教育博士研究生的时候，就希望有双语能力的学生，能够更加细致深入地探讨以英语为母语的学生汉语习得语音教学的规律，使北美这一领域的教学研究再深入一步。何丽芳的论著可以说填补了一个空白。作为导师，自然与有荣焉。希望这一研究对英语区汉语二语的研究者、教学者，提供一份有益的参考；希望何丽芳在这一领域做出更为卓越的奉献，成为枫叶之国中华文化传播的使者和汉语应用语言学专家。

是为序。

2016年10月30日
于多伦多枫松园

目 录

第一章 绪论 …………………………………………………… (1)
  第一节 加拿大汉语语音教学与研究现状 ………………… (1)
    一 汉语研究向华裔学生倾斜 ………………………… (1)
    二 汉语教学重词汇语法,轻语音 …………………… (2)
    三 大学汉语教学是对成年人的第三语言教学 ……… (3)
  第二节 研究范围和目的 …………………………………… (4)
    一 问题的提出 ………………………………………… (4)
    二 研究范围 …………………………………………… (6)
    三 研究目的 …………………………………………… (7)
  第三节 研究对象与方法 …………………………………… (11)
    一 研究对象 …………………………………………… (11)
    二 研究语料 …………………………………………… (12)
    三 研究方法 …………………………………………… (12)
    四 简称与缩写 ………………………………………… (13)

第二章 语音习得研究综述 …………………………………… (14)
  第一节 西方语言习得理论与汉语语音习得 ……………… (14)
    一 对比分析与偏误预测 ……………………………… (14)

· 1 ·

二　母语迁移及语音习得难点 …………………………… (17)
　　三　普遍语法及中介语语音 …………………………… (21)
　　四　语言学习关键期假说 ……………………………… (24)
　第二节　汉语语音习得研究成果 ………………………… (26)
　　一　二语言语音习得 …………………………………… (26)
　　二　汉语为母语的语音习得 …………………………… (27)
　　三　汉语作为第二语言的语音习得 …………………… (27)

第三章　年龄、学习策略、母语迁移与汉语语音习得 ………… (30)
　第一节　年龄与口音 ……………………………………… (30)
　　一　研究对象 …………………………………………… (33)
　　二　研究方法与测试材料 ……………………………… (33)
　　三　测试结果 …………………………………………… (36)
　　四　结论：成年人获得纯正地道的第二语言语音
　　　　是可能的 …………………………………………… (40)
　第二节　学习策略与语言能力 …………………………… (41)
　第三节　语言迁移与汉语中介语语音 …………………… (49)
　　一　语音习得迁移发生的种类 ………………………… (50)
　　二　语言迁移在不同学习阶段的表现 ………………… (53)
　　三　语言迁移的个体差异 ……………………………… (54)
　　四　中介语语音在自然语料和测试语料中的体现 …… (58)
　　五　小结 ………………………………………………… (59)

第四章　汉语语音习得难点及各学习阶段特点 ……………… (61)
　第一节　汉英语音相似程度 ……………………………… (62)

目 录

  一 相关研究 ·· (63)
  二 研究方法 ·· (64)
  三 汉英语音对应规律 ······································ (67)
  四 汉英语音相似度计算结果 ································ (72)
 第二节 汉英语音差异 ··· (73)
  一 汉英音节特点 ·· (73)
  二 声调与语调 ·· (74)
  三 声母与辅音 ·· (76)
  四 韵母与元音 ·· (80)
 第三节 汉语语音习得难点 ·· (82)
  一 对比分析 ·· (82)
  二 难度分级 ·· (94)
  三 问卷调查 ·· (94)
  四 语音测试 ·· (96)
 第四节 汉语语音习得常见偏误及其出现频次 ························ (100)
  一 不送气的清塞音发成浊音 ································ (100)
  二 擦音 h 发成喉音 ·· (100)
  三 舌尖前音 z 发音时声带振动 ······························ (101)
  四 舌尖后音 zh、ch、sh、r 发成腭音 ························ (101)
  五 舌面音 j、q、x 发成腭音 ································ (103)
  六 ch－q、zh－j、sh－x 两组音互相替换 ····················· (103)
  七 单韵母 a、o、e 舌头的位置把握不准 ······················ (103)
  八 元音省略 ·· (104)
  九 前后鼻韵混淆 ·· (104)
  十 高元音 ü 发成 u ·· (105)

十一　复韵母 ao 舌位偏高 ……………………………………（105）
　　十二　声调 …………………………………………………（105）
　　十三　忽略音节拼写时的变化 ……………………………（106）
　　十四　受英语翻译的影响 …………………………………（106）
第五节　各类偏误出现频率及排序 ………………………………（107）
第六节　汉语语音偏误分析 ………………………………………（108）
　　一　语音偏误分类分析 ……………………………………（108）
　　二　偏误产生的原因 ………………………………………（114）

第五章　加拿大多元文化语境与汉语教学 ……………………（115）

第一节　加拿大多元文化与语言的发展历程 ……………………（115）
　　一　认可移民的教育和专业资格(60年代末) …………（116）
　　二　各族群在加拿大语言文化的多样性得到尊重和保护
　　　　(70年代初) ……………………………………………（116）
　　三　明确规定少数民族的语言权利(90年代中) ………（117）
第二节　汉语作为第二语言课程在加拿大的发展 ………………（119）
　　一　中文学校 ………………………………………………（120）
　　二　大学汉语教学 …………………………………………（122）
　　三　多元文化对汉语语音教学的影响和促进 ……………（125）

第六章　汉英中介语可懂度、成功习得个案及汉语语音
教学方案 ……………………………………………………（134）

第一节　口音与中介语可懂度 ……………………………………（134）
　　一　口音与可懂度 …………………………………………（134）
　　二　口音、可懂度与语音教学的关系 ……………………（136）

目录

  三 可懂度测试方法 …………………………………… (137)
  四 测试对象 ………………………………………… (137)
  五 测试步骤 ………………………………………… (138)
  六 测试结果 ………………………………………… (138)
  七 口音形成原因 …………………………………… (142)
 第二节 汉语语音成功习得个案 ………………………… (143)
  一 两位成功学生的学习档案 ……………………… (144)
  二 问卷调查结果 …………………………………… (148)
  三 语音测试结果 …………………………………… (149)
  四 非正式谈话收集的材料 ………………………… (151)
  五 两位学生学习个案的比较 ……………………… (151)
 第三节 汉语语音教学实践 ……………………………… (152)
  一 语音教学重点：语音输入 ……………………… (152)
  二 汉语语音教学目标 ……………………………… (157)
  三 汉语语音教学方法 ……………………………… (157)

第七章 结语 ……………………………………………… (165)
 第一节 本书研究的特色 ………………………………… (165)
  一 聚焦超过语言学习关键期的学习者 …………… (165)
  二 透视加拿大多元文化语境对汉语语音习得的促进 … (166)
 第二节 主要研究发现 …………………………………… (166)
 第三节 对汉语语音教学的启示 ………………………… (168)
  一 汉语拼音教学是基石 …………………………… (168)
  二 汉语作为第二语言的语音教学要解决的重点——成功
    学习者的启示 …………………………………… (169)

· 5 ·

第四节　局限与不足 …………………………………………（171）

参考文献 ………………………………………………………（173）

附录一　语音变调 ………………………………………………（193）

附录二　汉语语音难点问卷调查 ………………………………（195）

附录三　学生问卷(1) ……………………………………………（197）

附录四　学生问卷(2) ……………………………………………（200）

附录五　学生艾龙对汉语语音习得的经验总结 ………………（203）

附录六　2010年5月7日访谈伦敦中文学校校长谢曾芳兰
　　　　女士记录 ………………………………………………（207）

第一章

绪　　论

第一节　加拿大汉语语音教学与研究现状

汉语作为第二语言的推广和教学，在加拿大已经走过了半个世纪，目前成为仅次于官方语言英语和法语的第三大语言，而且上升势头仍在持续，各类中文教学机构在加拿大各地兴起。汉语在加拿大这个第一个将多元文化立法的国度①，成了不可或缺的一部分，并且越来越举足轻重。

一　汉语研究向华裔学生倾斜

语言教与学的研究，在加拿大本土，直到目前为止仍以英语和法语为主，这从《加拿大现代语言评论》(Canadian Modern Language Review)及其他学术杂志上所发表的文章可见一斑。对汉语及汉语作为第二语言的教学方面的研究，相对来说显得薄弱；汉语作为第二语

---

① 1971年10月，加拿大联邦政府制定并通过了《双语框架内的多元文化政策实施宣言》(Announcement of Implementation of Policy of Multiculturalism within Bilingual Framework)，各族群在加拿大语言文化的多样性得到尊重和保护；1988年7月，加拿大正式颁布《加拿大多元文化法案》(Canadian Multiculturalism Act)。

言的习得研究,也主要集中在词汇、语法、阅读等,语音研究寥寥无几。随着华人移民人数在20世纪60年代后的骤增①,汉语教学在加拿大的一个突出特点是对第二代、第三代华裔子女的中国语言与文化的教学,这种趋势越来越明显。加拿大统计局2011年6月7日公布的最新资料显示,移民母语传承在过去25年出现明显变化,包括在加拿大出生的移民后裔的母语传承,整体呈现普遍上升趋势,华语传承(包括普通话、粤语、客家话、潮州话、上海话、福建话、闽南语等)比例排名第六②。在加拿大(包括美国),对华裔后代的汉语传承研究可谓占尽了风头③,相比之下对英语为母语的加拿大学生的汉语教学与研究日渐薄弱。

二 汉语教学重词汇语法,轻语音

加拿大目前的汉语教学的普遍特点,是重词汇语法,轻语音;口语教学重交际运用,轻语言基础。这样的特点从学校的课程设置到教材的应用、课程评估、课后练习等方面,都有不同程度的体现。学校教学课时有限,大学汉语一般全年上、下两个学期,共80个学时。课程设计和所使用的教材一般都包含听、说、读、写四个板块。教学内容除了一年级的前几个星期有语音教学,其他年级都是词汇、句型为主,听力、口语和翻译逐步增加;口语以交际为目的,老师一般不

---

① 1967年,加拿大修订了移民政策,认可移民的教育和专业资格,华人可以跟其他种族人以相同的条件移居,这项政策带来了一轮移民大潮。加拿大移民部的资料显示(Immigration Overview: Facts and figures, Citizenship and Immigration Canada, 2001),20世纪80年代中期以来,加拿大华人社区不断扩大,至1998年,来自中国大陆的加拿大移民人数名列第一。

② 排在华语之前的5种传承比率最高的语言依次为旁遮普语、乌尔都语、阿美尼亚语、孟加拉语、波斯语。

③ 见Duff(2008);Cummins(1993);Xiao(2006)等人的研究。

纠正学生的语音错误。教材编制方面①，没有语音练习②，只有字词、语法、听力、句型、阅读和翻译。教学评估方面，考试口语比重轻，口试语音错误通常忽略不计。

三 大学汉语教学是对成年人的第三语言教学

大学非华裔汉语学习者具有两个共同的特点：（1）初次接触汉语的年龄超过"关键期"，很难获得像母语者一样的语言水平（Critical Period Hypothesis）③；（2）语言背景复杂，除了英语，大多数学生还会一门或多门其他语言。

加拿大大学汉语教学对象都是超过18岁的大学生，开始学习汉语的时间一般都超过了"关键期"。语言学习关键期理论认为，儿童阶段学习语言有极大的优势，特别是语音，错过了这一时期，等于错失语言学习的良机，不可能获得纯正的外语语音，成年人学习外语，语法或其他方面可以完美，唯独语音，不可能达到说得像母语一样地道，不可能没有口音。年龄对于语音习得的重要性难以忽略，过了一定年龄，研究者普遍认为，学习者不可能再习得新的语言形式，也不可能习得标准的语音。

由于加拿大多元文化的环境，汉语学习对学生来说是双语/多语情境下的三语习得过程。从心理语言学的角度看，三语学习者都是有经验的语言学习者，其语言能力有别于说单语的学习者④。沃森（Watsons Gegeo）指出⑤，语言学习（包括三语）是在社会、文化、

---

① 以北美最通用的初级汉语教材之一《中文听说读写》Integrated Chinese（Chen & Tsui）为例。
② 教材配练习册，除了最初几周的拼音教学，剩下的三年多都没有专门的语音练习。
③ Lenneberg（1967）；Scovel（1969，1988，2000）.
④ Jessner（1999）.
⑤ Gegeo（2004）.

政治的语境中发生的，语言发生的语境影响语言习得者语言形式的表现。加拿大多种语言文化并存的特征，使得学生的汉语习得具有特殊性与复杂性，因为学生除了英语、法语之外，还可能不同程度地学习了西班牙语、意大利语等语言。学习过程中会出现英语（L1）、法语（L2）和汉语（L3），三种甚至更多语言的相互迁移、相互影响、作用或干扰，情况复杂。

第二节　研究范围和目的

一　问题的提出

年龄越大，学习一门外语或方言口音就越重；年龄越小口音越不明显，而儿童学习第一语言，一般来说则没有口音——这是语言学习关键期假说的核心论点①。根据这一假说，儿童阶段学习语言有极大的优势，特别是语音，错过了这一关键期，等于错失语言学习的良机，不可能获得跟自己母语一样的外语语音。人类的语言习得关键期什么时候结束至今没有定论，但普遍认为是在10~12岁之前②。

笔者在加拿大多年从事汉语教学，对象都是超过18岁、20岁的大学生，开始学习汉语的时间也都超过了"关键期"。随着年月的累积，笔者发现，在这一批又一批的学生中，还真是有一些学生把汉语说得字正腔圆。应该说"乡音难改"的是大多数，可语言学习"关键期"假说为什么对少数学生不适用？在什么样的条件下，学生能够摆脱"洋腔洋调"，而能说一口"纯正地道"的汉语？标准纯正的

---

① Critical Period Hypothesis：Lenneberg（1967）；Birdsong（1999）；Scovel（1969，1988，2000）.
② Trauner（1997）.

语音能否通过课堂教学实现？对这些问题的思考引发了笔者的研究兴趣。本书要解决的研究课题，是以英语为母语，开始习得汉语的年龄超过"关键期"的加拿大学生，在多元文化的语境中，建立一个成功习得汉语语音的教学框架。

首先，成年人学习二语语音并非完全没有优势。年龄越大口音越重，那么年龄越小是不是就学得越快、越标准呢？语音自然习得是一个漫长的过程，儿童学习第一语言的元音至少需要6个月甚至更久①，以英语为母语的儿童学习辅音，是在6～12岁之间开始从缺陷逐渐完善的，准确度并不如成年人。说普通话儿童习得语音，有些音位如/s/，需要很长时间才能稳定下来，也就是说儿童从能够发出一个音到能够发准、发好这个音，要经过很长时间②。相反，成年人的二语习得与儿童的母语习得相比，在认知、记忆、学习策略等方面略高一筹③。成年人的考试成绩有时可以提高得很快，学习效率更高。成年人习得二语也有他们优越于孩子的地方。

其次，多元文化语境，是加拿大学生习得汉语语音的独特之处。二语广义上讲是继母语之后习得的任何一种语言，对加拿大学生而言，汉语可能是第三或第四语言——很多学生母语是双语，或在习得汉语之前，就已经习得另一门外语。学习第三语言跟二语习得是有所不同的④。对于三语的研究，近一二十年才开始兴起，三语语音习得还只局限在少量的少数语种的研究上⑤。

三语习得的特别之处，就在于在学习第三语言之前，学习者已经

---

① Kuhl et. (1992).
② Hazan & Barret (2000).
③ 姜涛 (2000)。
④ Cenoz 和 Jessner (2000); de Angelis (2007).
⑤ de Angelis (2007) 等提出了 Models of multilingual speech production 多语的言语产生模式。

习得了至少一种外语,积累了一定的语言学习经验和语言学知识,在之后的语言学习中,这些先前的语言经验和知识都会发挥一定的作用和影响。多语的语言环境,涵盖了多种语言之间的相互干扰、迁移、替代等,多语背景的三语学习者会比单语(之前只会母语)的学习者有更丰富的语言学习意识和更强的学习能力,在语言感知上更为敏感,这对他们的汉语语音习得会产生积极或消极的影响[1]。多种语言之间是怎样相互作用的,对语音感知和发生又有怎样的影响,目前还不清楚。有研究者认为,之前学习的语言在规则和结构上,对第三语言的习得有着直接或间接的负面影响,三语的习得过程必然会跟多种语言相互作用[2]。二语对三语的语音习得有积极的影响,特别是在学习策略和技巧的使用上,沿用了二语习得的方法[3]。而二语学习者的学习经验一般只来自于一种语言即母语,和其他语言之间的相互作用也只有单一的一种语言。在语言结构上,二语和三语的相似项对三语的语音感知也有积极的影响,会发生正迁移[4]。总的来说,三语学习者在语音感知、发音的清晰程度等方面,明显比优于二语学习者。

二 研究范围

本书的研究在二语语音习得理论的框架中进行,以加拿大西安大略大学修读中文课程的学生为研究对象,吸收语言学和应用语言学的多项理论研究成果,从教学和测试中提取语料,考察母语为英语的成

---

[1] Sharwood Smith & Kellerman (1986).
[2] Ringbom (2001) 发现,母语为瑞典语,二语为芬兰语,学习第三种语言英语的学习者,习得英语时有从芬兰语带来的负迁移。母语对三语的作用,似比二语对三语的作用大 Ringbom (1987)。
[3] Ecke (2001) 和 Vogel (1992) 等发现,三语学习者的很多学习策略是从二语习得中得来的,例如,字典的运用等。
[4] Cenoz (2005); Ecke (2001); Fouser (2001).

年学习者，在多元文化语境中，如何成功习得汉语语音。

（一）动态考察处在不同学习阶段的学习者的中介语语音，结合汉英两种语音系统的相似性与差异的静态比较，描绘英语为母语的加拿大学生在大学阶段汉语语音的习得难点及各学习阶段的习得特点，发现容易习得、先习得以及相对较难、较晚习得的语言项，并排序。

（二）从母语迁移、年龄、学习策略等角度考察影响汉语语音习得的因素，比较成功学习者和普通学习者在学习策略、母语迁移、中介语语音偏误等方面的差异，分析学习策略与学生汉语语音水平之间的关系。

（三）考察加拿大多元文化社会与语言环境，及双语与多语的教学对汉语语音习得的促进和影响。

（四）对语音习得的成功个案进行考察、比较，发现成功学习者的共同特点，通过有效的课堂教学等手段帮助学生达成汉语语音习得目标。

三　研究目的

（一）对现有二语语音习得理论略作完善和补充

1. 语言学习关键期假说。语言学习关键期假说并非只是语音习得的理论，但一种语言的聆听、阅读、写作等其他各项技能，要做到跟母语一样的水平，似乎比语音要容易些。口音掩饰不了，也改不过来，一不小心就露出了"老外"的"马脚"，一开口别人就知道你是不是本地（国）人。正因为此，语言关键期假说对语音习得尤为"关键"。口音和年龄有很大的关系，但 L2 语音研究成果，并不足以证明成人学习外语语音全无优势，语言学习关键期假说的局限是显而易见的。一些研究表明，儿童学习二语也可能有口音[①]，而过了"关键期"的成年

---

① Flege & Liu（2001）；Piske & MacKay（1999）.

人学习二语，也有语音纯正的，尽管为数可能不多。本研究并非要证明早开始学习第二外语在生理上没有优势，进而否定关键期假说。我们希望提供一个实证，这就是，在不否认年龄对习得第二语言语音有重要影响的同时，证实一些过了"关键期"的成年学习者，虽然较晚开始学习或接触所习得的语言，仍然可以成功习得汉语语音。本项研究将证实，成年人没有丧失语言学习的能力，口音的形成，是因为成人母语已经有固定的语音系统，限制了外语语音的进一步发展和进步。母语使用得越多，口音越重[①]。使用适当的学习策略，克服母语的消极影响，成功获得标准的现代汉语语音是完全可能的。

2. 对比分析和偏误分析理论。过去一二十年，随着电脑科技及软件设备的发展，第二语言语音习得的研究取得了长足的进步。研究的重要成果集中在预测习得难点，揭示语音习得规律，对比目标语和母语两种语音等方面。

通过对比分析可以把握教学重点和学习难点，避免或减少偏误的发生，但它的问题在于：（1）过于注重母语与目标语间的迁移，忽略来自语内、文化等方面的迁移；（2）强调母语与目标语之间的差异，忽略两者之间的相似性；（3）注重语言形式，忽略教学实践。

偏误分析对教学中避免偏误及教材的合理使用有一定的帮助，使教学有的放矢。然而偏误产生的原因错综复杂，在分析解释具体偏误及对其归类时，有时未必有一个明确或最好的答案，因为有些偏误是共性的，有些则是个性的。

本书第四章对加拿大学习者汉语语音的对比分析和偏误分析，从教学实际出发，放在中介语系统中动态考察。除了比较汉英两种语音

[①] Guion et al. (2000) 对南美印第安人盖丘亚语和西班牙语双语的研究，发现 L1 的使用频率和 L2 能力有一定的关系。

系统的差异，本书更突出两者的相似性，学生可以借助相似的语音结构寻找对应关系，搭上 L1 的"顺风车"，更快更有效地达到与人沟通交流的目的。相似性引起的口音，不会影响可懂度。相似性对学生语音习得有所裨益：在学习的早期阶段，语音的相似可以帮助学生产生正迁移，更快地进行可懂度较高的汉语交际而实现学习的初级目标；进入高一级阶段，感知和克服相似音而产生的语际迁移，是语音标准、达到纯正地道的关键。另外，本书对语内和文化迁移都有所阐述，这对学生汉语语音习得，对规范的汉语语音课堂教学有一定的借鉴和帮助。

3. 可懂度与口音的关系。关于语音教学与研究，常常有争议的论题是：是否有必要纠正语音错误，以习得标准语音为目标？带有明显甚至浓重的外语口音的外语学习者，似乎能够跟说目标语的人进行无障碍交流。口音是否影响交际言语可懂度？如果影响，汉语语音中哪一些语音要素对可懂度影响较大，哪些较小甚至没有影响？

二语语音的教学和测试，都离不开口音和可懂度，口音和言语可懂度的研究还有很多未解之谜。对于口音的研究，大多从年龄、母语迁移、性别、语音感知等角度为出发点[①]。对可懂度的研究，以往一般都是对障碍人士或机器的测试，对 L2 中介语可懂度的研究还刚起步[②]。将口音与可懂度结合起来，考察什么程度的口音会对正常交际有影响以至于"不可懂"，这是语音教学所关心的。哪些口音不影响理解，无伤大雅，可以接受；哪些是不可理解的？上述问题在二语中

---

① Greene 和 Wells（1927）在 20 世纪初对口音做了这样的描述：口音，源于不正确、不完美、有瑕疵的言语。有口音和有明显的口音，有着程度上的差异。

② "可懂"意味着明了、清晰。两种语言形式之间的"清晰""明了"有着程度的差别，可懂度是这种差别的体现。从社会语言学角度来看，可懂度是两种语言之间的一种属性，这种属性表现为说一种语言的人不需要特意学习或付出额外努力就能够明白另一种语言。

介语可懂度的研究中都还悬而未决。

本书第六章将可懂度的研究从以往对障碍人士或机器的测试，扩展到中介语语音的研究中来，考察汉语语音的诸多习得难点，例如，声调、韵母 ü，声母 zh、ch、sh 和 j、q、x 等，和中介语可懂度之间存在的关系①，发现对汉英中介语可懂度有影响的音素，在语音教学中把重点放在那些对可懂度有明显影响作用的语音要素上，使得课时有限的汉语课堂教学事半功倍。本项研究发现，声调是影响可懂度的关键；字调与汉语词语轻重音是汉语语音"纯正地道"的决定因素。

（二）为多元文化语境下的汉语学习者提供有效的建议

成功习得汉语语音的不乏其人，大家所熟知的大山②就是一例，活跃在中国乃至世界各地的还有不少"小山"们。成功的例子举不胜举。一个又一个"大山"在中国乃至世界各地"崛起"，向人们证实了"老外"也能把汉语说得字正腔圆。好学生是怎么学的，纯正地道的汉语是怎么习得的？这个问题汉语教师想知道，学习汉语的学生也想知道。本项研究考察成功习得个案，结合与群案的比较，从母语迁移、学习策略、文化社会环境等多种角度，综合分析和考察成功习得汉语语音的"秘诀"，总结有效的汉语语音习得规律与教学方案，帮助更多的"大龄"学生进步，为复杂的语言文化环境中的汉语语音习得和有效的课堂教学提供参考。

本书第五章对汉语语音成功的习得者的跟踪调查和测试研究，认为汉语语音教学的重点是要解决以下两个问题，这对汉语作为第二语言的语音教学是一个重要的启示。

---

① Munro 和 Derwing（1999）的研究得出了与本书相类似的结果：口音虽然和可懂度有直接的关系，但口音并不一定是可懂度低的原因。

② 加拿大人，Mark Rowswell 的中文名字，在多伦多大学东亚系读书时起名为路世伟。因说一口标准流利的中文，活跃在中国影视、教育界。

1. 母语迁移①。语言迁移导致二语习得中的某些偏误，迁移对语言习得的阻碍作用被过夸大。然而迁移并非都是消极的。初学的学习着借助母语与目标语之间的共性，可以初步解决很多语音难点问题，在汉语语音学习中更快地掌握语音系统。例如，英语中半元音 y [j] 和 w [w]，听起来很像元音 [i] 和 [u]，语音教学中也常常把它们当作元音。汉语音节"外"wai，教学时可以和英语的 wide 做比较；"叶"ye，可以和英语单词 yes 做对比，学生容易记忆和掌握。汉语和英语语音系统的相似性，本书第四章第一节将做详细探讨。在学习的初期阶段，母语迁移非常频繁，包括很多相似音的迁移。这些迁移一般对习得具有积极的意义，应该鼓励和引导。学到更高阶段，要获得完美的语音，需要克服母语迁移造成的偏误。母语迁移对语音习得的正面或负面的影响，要分阶段区别对待，教学上因势利导，避免出现"化石化"（Fossilization）。

2. 文化冲突。在加拿大双语或多语环境中长大的孩子，对学习一种新的语言不会有太多的畏惧，尽管汉语和英语、法语等拉丁语言差别很大，但报读的学生一般都有足够的心理准备。活跃的课堂气氛，学生的积极发言和参与，是课堂教学成功的关键。

第三节　研究对象与方法

一　研究对象

加拿大西安大略大学休伦学院修读基础汉语的全日制学生，年龄

---

① 关于母语迁移，本书研究对象学生艾龙在调查中这样写道：*One of the difficulties this brain pattern presents though, is that it makes it hard for people to distinguish between sounds that aren't in their native languages sound system, because they have the inherent desire to place everything inside their native sound system. For example, a native speaker of English might here "这儿" as "jar", but the zh in Chinese is actually subtly different from the j sound in English, as is the e in zhe'r from the a in jar, and also the r。*

介于 18～25 岁。他们在加拿大出生、长大，母语为英语，最初学习汉语的年龄都超过 12 岁。

休伦学院的中文课程，对汉语为非母语的学生开设 4 个年级。学生报读课程时要对中文水平进行评估，根据评估结果将他们安排在适合他们中文程度的班级。本书的对象是一至三年级的学生，四年级学生人数较少，以华裔家庭的学生为主，不列入考察范围。

研究对象的汉语水平，按照他们选课时的评估结果，分为高级（三年级学生）、中级（二年级学生）、初级（一年级学生）三等。

两个成功个案：加拿大西安大略大学休伦学院，正在修读和已经修读了基础汉语的全日制学生，最初接触汉语、入读汉语课程的年龄分别是 20 岁、18 岁。在加拿大出生、长大，母语是英语。

二 研究语料

来源：课程内外的语音测试、自然谈话语料[①]。

形式：自然情境中的交谈，词语及不同语体（对话体、散文体）的朗读。

内容：尽可能全面涵盖汉语语音知识点，包括声母、韵母、声调、音变、轻重音、停顿、语调等。

调查问卷：学习者的个人基本资料，年龄、性别等；语言背景；教育状况；学习动机等。目的是了解学习者态度、方法，他们的习得难点以及在不同情境中所使用的学习策略等。

三 研究方法

（一）对汉英两种语音系统进行静态对比，预测习得难点；动态

---

① 有些语料来自于北京大学中国语言学研究中心。

分析学习者中介语语音偏误，归纳偏误类型，考察偏误在各学习阶段的分布。

（二）对两个成功习得个案进行比较，总结成功者的共同特征；结合和群案的对比，分析成功与普通学习者在学习策略、中介语偏误等方面的差异。

（三）语音测试为中介语偏误和汉英两种语音系统的差异提供实证数据；问卷调查了解学生习得过程中的各种情况，包括学习目标、如何克服难点、课外获得的支援等。

四　简称与缩写

HL：Heritage Language 继承语

L1：First Language 第一语言

L2：Second Language 第二语言（目标语/目标语）。广义指 L1 之后习得的任何语言，狭义指继 L1 之后习得的第二种语言。

L3：Third Language 第三语言

SLA：Second Language Acquisition 二语习得

CAH：Contrastive Analysis Hypothesis 对比分析假设

MDH：Markedness Differential Hypothesis 语言标记假设

OM：Ontogeny Model 个体发育理论

OPM：Ontogeny Phylogeny Model 系统发育理论

UG：Universal Grammar 普遍语法

IL：Inter Language 中介语

SILL：Strategy Inventory for Language Learning 语言学习策略量表

第二章

语音习得研究综述

第一节 西方语言习得理论与汉语语音习得

一 对比分析与偏误预测

自从有语言开始，人们对第一语言语音的成功习得毫无疑义，习得母语自然得就像呼吸一样，而第二语言习得成效却千差万别。先习得的语言对后习得的语言的影响，是显而易见的。20世纪40年代，弗里斯（Fries）提出了"对比分析假设"（Contrastive Analysis Hypothesis，CAH）[①]。对比分析理论的核心，是比较母语和目标语两种语言系统之间的相似及差异程度，它是第二语言成功习得的重要因素。母语迁移是偏误产生的重要原因，偏误是可以通过两种语言系统的比较而预测的。拉多（Lado）在此基础上发展和完善，建构了对比分析理论，它首次揭示了成功的二语习得，与学习者母语（L1）和目标语（L2）之间相似程度的关系：与L1相似的语言项容易习得，差别大的难度也较大。通过L1与L2的比较分析，在二语习得中

---

① Fries（1945）.

遇到的困难是可以预知的。① 弗里斯和拉多的研究，都不同程度地强调迁移是偏误产生的原因，通过两种语言系统的比较可以预测偏误，解释偏误。这个观点之后得到进一步的扩展，斯塔克威尔和博恩（Stockwell & Bowen）等人对西班牙语和英语的习得的研究，都得到了相同的结论。②

自20世纪60年代，对比分析一直是语言教学研究中最重要的一项理论。从语音教学的角度讲，对比分析的目的是比较母语和目标语语音特点，重点教授两种语言中不相同的语言项，根据对比分析的研究结果，预测较难习得的语言项。通过句型操练，纠正发音等，帮助学习者建立并形成正确的发音方法和习惯，摒弃错误的发音方法和习惯。

影响语言习得的因素，不只是母语的干扰那么简单。埃克曼（Eckman）研究了母语（L1）和目标语（L2）两者之间的标记关系对语言习得的影响③。他通过对L1与L2语法中语言标记的比较，得出这样的结论：L2中与L1不同的部分，标记越强的越难习得，标记弱的不难习得，在此基础上，埃克曼提出了"语言标记假设"（Markedness Differential Hypothesis, MDH）。他认为这能帮助我们更好地预测语言习得难点。

标记理论其实是对对比分析的发展，加入了类型意义上的所谓"标记"。根据这一理论，语言难点的预测仍是基于对L1和L2的比较，但只是类型上有标记的不同语言项是习得难点，如果类型上没有标记，便不会造成习得困难。这和CAH所指的凡是与母语有差异的

---

① Lado (1957).
② Stockwell & Bowen (1965).
③ Eckman (1977).

都是习得难点有所不同。希尔腾斯塔姆（Hyltenstam）在 MDH 理论基础上做了进一步的发展①：L1 和 L2 中都没有标记的语言项不存在习得困难；L1 没有标记而 L2 有标记的语言项，有可能发生 L1 向 L2 迁移的情况；L1 和 L2 中都有标记的语言项，有可能被没有标记的语言项所取代。斯密德（Schmid）通过中介语语音和语素的研究，阐述了自然度与语音习得的关系：L1 自然而 L2 不自然的语音较难习得；L2 自然的语音，不论在 L1 中是否自然，都容易习得②。

之后不久，人们对对比分析能够预测偏误提出了质疑，因为很多学习者发生的偏误并不是所预测的那些，例如有些偏误是因为错误运用字典或模仿"权威"（影视作品）而产生不正确的发音；或生硬地使用某些语言模式而产生偏误。有些学习者并没有发生所预测的偏误，比如说德国人发英语的/r/音就没有出现困难，也有学生为了取得好成绩而回避某些难点。

针对对比分析所面临的困境，沃德豪（Wardhaugh）将对比分析分为强与弱两种类型。强对比预测偏误，弱对比解释偏误。如果"预测"可以绝对地指出学习者必定或不会发出某些偏误，那么对比分析的理论肯定是站不住脚的；而如果"预测"被定义为偏误发生的某种可能性，那还是有一定的意义的。对比分析可以在偏误发生之前可以预测偏误出现的可能性，发生之后可以解释偏误原因③。在一定程度上，沃德豪"强"与"弱"的概念的引入弥补了过往对比分析理论的缺陷，为对比分析所面临的种种质疑解了围。

奥勒（Oller）和齐亚霍塞尼（Ziahosseiny）进一步提出了折中的

---

① Hyltenstam（1987）.
② Schmid（1997）.
③ Wardhaugh（1970）.

对比分析理论（Moderate Version of CAH），认为 L1 和 L2 相似的结构更难习得，因为不相似的结构不会混淆，因而不容易产生迁移[1]。然而这个所谓的"折中"的对比分析，没有很具体地说明 L1 中哪些结构规则会发生迁移，哪些不会。对比分析的缺陷显而易见，但人们对迁移的研究却从未中断[2]，迁移在二语语音习得中的重要性随着研究的深入而逐渐显现。

二 母语迁移及语音习得难点

先学的语言影响后学的语言，这一观点自 20 世纪 50 年代开始，成为第二语言语音习得的主要理论框架，并影响了语言教学法[3]。过去半个多世纪的研究，心理学家和语言学家一直致力于迁移对语言学习的影响[4]。语言迁移在二语语音习得中扮演着重要的角色。一些有影响的 L2 习得理论，如弗列日（Flege）的语音学习模型（Speech Learning Model）[5] 及贝斯特（Best）的语音知觉同化模型（Perceptual Assimilation Model）[6]，都是学习者在母语对第二语言的影响框架中形成的，它们都对二语语音习得研究颇具影响力。

关于迁移，不同的学者有不同的界定，例如，奥斯格德（Osgood）定义为"有意义的相似性"（meaningful similarity）[7]；加涅（Gagne）定义为"和之前获得的能力有相关性"（which incorporates

---

[1] Oller 和 Ziahosseiny（1970）。
[2] 见 Gass & Selinker（1983, 1992）；Odlin（1989, 2003）；Han（2004）等人的研究。
[3] 见 Lado（1957），Weinreich（1953）等人的研究。
[4] 相关的研究有 Ausubel（1963, 1967）；Ausubel & Robinson（1969）；Ausubel, Novak & Hanesian（1978）；Osgood（1946）；Schultz（1960）；Travers（1977）等。
[5] Flege（1995）：Speech Learning Model.
[6] Best（1995）：Perceptual Assimilation Model.
[7] Osgood（1946）。

these previously acquired capabilities)[1]。尽管这些定义不尽相同，但都包含了新旧知识，后习得的语言与先习得的语言之间的联系，被认为是迁移产生的条件。奥苏伯尔（Ausubell）甚至认为所有的习得都有不同程度的迁移，而迁移是在一定条件下产生的，新的知识和经验要和已有的知识有一定的"相关因素"[2]，这和奥斯格德所指的"有意义的相似"一脉相承[3]。较近期的，例如，诺伊纳（Neuner）等人的研究依然证实新旧知识或信息之间存在的联系，是迁移发生的必要条件[4]。可以基本确定的是，迁移是在一定的条件下发生的：加涅认为新知识须和之前获得的能力有相关性[5]；奥苏伯尔认为新旧知识要有一定的关联[6]；奥斯格德认为两种语言要有相似性[7]。

如果 L1 和 L2 没有任何相似性，或 L1 和 L2 的形式不同，那么一般来说对比分析的预测是，L2 不同于 L1 的地方，会是难点。例如，英语没有声调，汉语的声调是英语为母语的学习者的难点。然而，安达信（Andersen）的迁移规则（Transfer to Somewhere Principle）[8] 具体叙述了迁移发生或不发生的条件。他认为目标语和母语须有相关联的结构，迁移才会发生。凯勒曼（Kellerman）则提出了相反的论点[9]，认为有些迁移的发生是在目标语和母语结构不相似的条件下发生的（Transfer to nowhere）。

---

[1] Gagne (1965).
[2] Ausubell (1963).
[3] Osgood (1946).
[4] Neuner (2002).
[5] Gagne (1965).
[6] Ausubell (1963).
[7] Osgood (1946).
[8] Andersen (1983): Transfer to Somewhere Principle.
[9] Kellerman (1995): Transfer to nowhere.

瓦恩里希（Weinreich）描述了几种语音迁移的情况①。

（一）替代（sound substitution）：母语和目标语相同的音素，直接转换；或用母语中最接近目标语的音素替换目标语相似的音素。

（二）语音加工（phonological process）：学习者使用母语中的音位变体，替代目标语中的某些音，特别是难发的音。

（三）差异不足（underdifferentiation）：母语中没有明显分别，目标语有明显不同的语素，例如，英语中同位异音，目标语中不同音位的语素。

（四）超差异（overdifferentiation）：母语中有差异，两个音是不同的语素，目标语中没有差异，是同一个语素。

（五）再解释（reinterprtation of distinctions）：母语有，目标语也有，但特征存在差异，学习者把次要的特征当作主要特征而错误理解。

（六）音位干扰（phonotactic interference）：学习者的母语音节结构影响二语的语音感知和口语语音，使目标语中的音节结构遵从母语音节结构。

（七）音韵干扰（prosodic interference）：将母语的音韵现象，错误地运用于目标语。例如，学习汉语时，加拿大学习者一概发成类似第四声的降调。

上述各种因学习者母语对目标语干扰而形成的迁移，是语际迁移。此外，还有语内迁移，即目标语内部规则互相干扰形成的迁移，主要表现是过度泛化，学习者用自己的理解运用目标语的某些规则。另外还有文化迁移，主要表现在运用方面，对目标语的使用不够得体。对各种迁移所产生的语音偏误，本书第四章将做详细

---

① Weinreich（1953）.

论述。

　　语言（母语）迁移是影响二语语音习得的重要原因，这个影响，有积极的也有消极的。母语中和目标语相似的语言特征，对习得会产生积极的作用，相反，母语中和目标语差异较大的语言特征，则会阻碍目标语的习得。对语言迁移发生的条件，学界基本达成一致的看法，就是两种语言之间须有相似的结构。如果条件满足（两种语言语素之间有关联，或有相似的结构），迁移是否必然发生？本课题研究对象，母语都是英语，学习者语言背景、开始的年龄、教师等条件都一样，（负）迁移的发生，在不同学习阶段，及不同学习个体身上却又有明显不同的表现，详见本书第三章。

　　有些研究者认为，初级阶段的二语习得，母语迁移发生的机会比较大，也比较频繁[1]；而另外有一些学者认为，二语习得跟母语习得相似，迁移可能根本不会发生；介于两者之间的，认为目标语与母语相同的部分，会发生迁移，因而容易习得[2]。关于迁移与普遍语法的关系，有很多争议，有些发生明显的迁移，有些迁移很难觉察，即便是在初学阶段。目前迁移发生到底需要哪些条件，仍然是一个未解的谜。

　　语言迁移是影响二语语音习得的主要因素，以这一观点为理论基础，发展出"个体发育理论"（Ontogeny Model, OM）和"系统发育理论"（Ontogeny Phylogeny Model, OPM）[3]。OM认为在初期的学习中，迁移是影响语音习得的主要因素，随着学习时间的增加，影响逐渐减弱，因为标记随着二语知识的增加而减弱。OPM是一个更新的

---

[1] Sprouse & Schwartz (1998).
[2] Hawkins & Chan (1997).
[3] Major (1987a), (2001).

理论研究成果，与 OM 相同，迁移在早期的学习中是语音习得的主要影响因素，对标记性弱的二语特征影响较大，对没有标记的二语特征的影响随着时间的增加而增加。

三 普遍语法及中介语语音

尽管强弱对比分析理论对原有理论的缺陷有所弥补，但仍然不能断定所有的偏误都因为语言迁移而产生。赛琳克（Selinker）对中介语（Inter Language，IL）化石化的问题进行了深入研究，指出中介语语音系统的形成跟很多因素有关，迁移只是诸多影响学习者语音因素中的一种[1]。有些偏误是非迁移偏误，这些偏误通常在孩童学习母语时也都会出现，它是各种语言所共有的。对比分析提出 30 年后，乔姆斯基的普遍语法（Universal Grammar，UG）理论问世，这是一个对第二语言语音习得深具影响的理论。乔姆斯基认为，普遍语法由原则和参数构成，它们为所有的语言所共有（核心语法），是人类与生俱来的语言知识体系，制约和影响语言习得[2]。

普遍语法与语言迁移的生成条件密切相关。贝利弗罗曼（Bley-Vroman）认为，对二语学习者来说普遍语法通常是不可及的，他们只是通过自己的母语认识普遍语法，而不能获得普遍语法，因而在 L2 习得的早期阶段，母语迁移比较明显。[3] 惠特（White）则认为普遍语法在一定程度上是可及的。如果 UG 是不可及的，那么母语迁移可能是影响学习者二语语音习得的重要因素，甚至是唯一重要的因素；反之，如果 UG 是可及的，那么母语迁移有可能发生，也可能不

---

[1] Selinker（1972）.
[2] Chomsky（1975）.
[3] Bley-Vroman（1989，1990）.

会发生，迁移发生与否取决于可及的程度。① 普遍语法的可及性对语音习得中的母语迁移有直接的关系。普遍语法的重要性还体现在对中介语的制约上。中介语是一种自然语言，跟所有自然语言一样，受普遍语法的制约。所以学习者中介语中出现的偏误，如果不是跟迁移或标记有关，就是跟普遍语法有关。该理论提出了语言习得的"内在装置"，尽管它主要应用于孩童早年的语言学习，但伯德桑（Birdsong）和施瓦茨（Schwartsz）等人的研究，都认为这个"内在装置"在成人乃至整个人生都可应用②。另一些学者，如凯勒曼（Kellerman）和沙赫特（Schachter）等人的研究认为"内在装置"在孩童时期获得语言最有效率，在此后的成年期相对较弱③。成年人学习语言出现的"化石化"现象，是这一观点的最好例证。

"化石化"的中介语语音，表现为语言习得时所带有的口音；汉语中介语语音，就是人们常说的不纯正的汉语——洋腔洋调。成年人的口音除了因为母语迁移，将第一语言转移到目标语语言系统中之外，还有非迁移因素。非迁移因素则归咎于普遍语法、发展因素等。

中介语有一定的语言规则，也具有一定的稳定性；有总体共同的特征，同时也是移动的。学习者的中介语总是逐渐向着目标语靠拢。早于中介语之前的理论如对比分析，仅仅限于语言系统的比较，不反映学习的动态过程，而语言习得涉及学习的主体和客体两方面。科德（Corder）等人开始研究学习者语言，把学习者语言称为"过渡能力"（Transitional competence）。内瑟（Nemser）把学习者的语言系统看作是一个不断变化的连续体，称之为"近似系统"（Approximate sys-

---

① Lydia White（1989，2003a）.
② Birdsong（1992）；Schwartsz（1992）.
③ Kellerman（1995）；Schachter（1996）.

tems)。在最初阶段，学习者试图运用目标语，形成了最初的近似系统，随着初级向高级的过渡，近似系统形成了一个连续体。相同阶段的学习者的近似系统大体相似。在内瑟看来，学习者的近似系统是有规律的。

赛琳克将这个学习者语言的"连续体"看作是不断渐进的重建过程，学习者习得目标语的过程，是一个向目标语的趋近的过程，这个过程的语言不是静止的。它是母语向目标语过渡的语言系统，随着学习阶段的不同而变化，并称之为"中介语"（Inter Language）[①]。他列举了二语习得中他认为最重要的五个过程：（1）语言迁移；（2）教学语言的迁移；（3）二语学习策略；（4）二语交际策略；（5）过度泛化。

同一学习阶段的学习者，他们的中介语的语音偏误一般具有共同的特征。科德将学习者的语言偏误按阶段归为三类[②]：（1）前系统偏误（Pre-systematic error），它的特点是无规律性，通常发生在学习者最初接触新的语言知识并对此进行探索和归纳时，出现的偏误自己意识不到，需要别人指出；知道了也不能自行纠正。（2）系统偏误（Systematic error），它具有明显的系统性，即学习者反复出现同样的偏误。这一阶段的学习者对目标语的某个语言知识已经有了一定的认识，知道自己的错误，但仍然不能纠正。（3）后系统偏误（Post-systematic error），这是学习者已基本掌握了某个语言知识后出现的少量的、自己能够意识并纠正的偏误。初学者最常出现的是前系统偏误，偏误多，类型广；较高程度的学习者偏误集中在某一种或少数几种语音变项上，表现出明显的系统性，对语言知识有了比较好的掌握，语

---

① Corder（1967，1971，1981）；Nemser（1971）；Selinker（1972）（Inter Language）.
② Corder（1981）.

音比较稳定,无论是在正式的还是非正式的语体中,表现出的言语关注与偏误的关系不太明显。

中介语理论的发展晚于对比分析理论,但并不是取代了对比分析。两种理论有不同的心理学基础,对语言教学和研究有不同的视角、不同的侧重:前者通过语言系统的比较预测习得难点,后者侧重学习过程中语言行为及其形成原因的分析,并不否认母语在语音习得中的迁移,两者是互为补充的。

四 语言学习关键期假说

年龄是影响第二语言语音习得的重要因素,林纳伯格(Lenneberg)最早提出这个观点。他认为语言学习能力从2岁开始逐渐减弱,到青春期停止。这便是二语习得特别是语音习得中举足轻重的语言学习关键期假说(Critical Period Hypothesis)[①]。这个理论认为,儿童阶段学习语言有极大的优势,特别是语音,错过了这一关键期,等于错失语言学习的良机,不可能获得纯正的外语语音;成年人学习外语,语法或其他方面可以完美,唯独语音,不可能达到说得像母语一样地道,不可能没有口音。年龄对于语音习得的重要性难以忽略。研究者普遍认为,过了一定年龄,学习者不可能再习得新的语言形式,也不可能习得标准的语音。人类的语言习得关键期什么时候结束没有定论,但普遍认为是青春期(约12岁)之前。

语言学习关键期假说并非只是语音习得的理论,但一种语言的聆听、阅读、写作等其他各项技能,要做到跟母语一样的水平,似乎比语音要容易些。斯卡夫尔(Scovel)甚至认为,学习一种外语,除了语音习得会受所谓"关键期"的影响,语言的其他方面则没有所谓

---

① Lenneberg (1967); Scovel (1969, 1988, 2000).

第二章 语音习得研究综述

的"关键期"。语音习得跟学习词汇、语法句型等有着根本的不同。他认为，没有"口音"的语音习得须在12岁之前，超过"关键期"之后的语言习得不可能没有口音[1]。口音掩饰不了，也改不过来，一不小心就露出了"老外"的"马脚"，一开口别人就知道你不是本地（国）人正因为如此，语言关键期假说对语音习得更"关键"。

泰赫塔（Tahta）、伍德（Wood）和勒文塔尔（Loewenthal）对来自不同国家的英国移民，分成人组和儿童组，根据他们的口音程度，从"没有外国口音"到"有明显的外国口音"进行三个等级的评定。结果证实了语音习得"关键期"假说的存在及其准确性[2]。弗列日（Flege）对移居美国的人士的英语口音做了考察，他们分别来自西班牙、中国大陆和中国台湾，结果也证实了"关键期"假说[3]。

然而，"关键期"以前开始习得外语并非100%的没有外国口音，而"关键期"之后开始习得外语的青年或成年没有口音的也并非是零。那么，这样的结果对于专门经过语音学习和密集型训练的学习者是否适用呢？

根据关键期假说，儿童阶段学习语言有极大的优势，特别是语音，错过了这一关键期，等于错失语言学习的良机，不可能获得跟自己母语一样的外语语音；换句话说，成年以后学习外语，不可能没有口音。而语言习得关键期什么时候结束，普遍认为是在10～12岁之前，但没有定论。二语语音研究成果，并不足以证明成人学习外语语音在能力方面与儿童存在差别。本书研究对象都是年龄超过18岁的大学生，开始学习汉语的时间也都超过了"关键期"。这些学生中，

---

[1] Scovel (1988).
[2] Tahta, Wood & Loewenthal (1981).
[3] Flege (1988b); Flege & Fletcher (1992).

"乡音难改"的是大多数，可也有把汉语说得字正腔圆的。语言学习关键期假说为什么对少数学生不适用？本书将从学习者对言语的关注、语言感知、学习策略等方面，论证年龄超过"关键期"的成年人能够成功习得汉语语音。本书的研究将得出这样的结论：成年人没有丧失语言学习的能力，口音的形成，是因为成人母语已经有固定的语音系统，限制了外语语音的进一步发展和进步（详见第三章）。

第二节 汉语语音习得研究成果

一 二语言语音习得

甘舍（Ganschow）对成功和不成功的大学外语学习者的语音语法测试，发现学习者面临的习得困难可能与他们母语中存在的问题有关[1]。梵蒂尼（Fantini）通过对一个双语儿童的个案研究，发现儿童在他们自然习得 L1 时感到困难的语音，在 L2 中也存在困难[2]。

王魁京研究和分析了第一语言和第二语言语音习得过程的特征，从语音习得的内在机制、习得环境等方面进行了比较[3]。费尔鲍姆（Fellbaum）研究了英语、西班牙语学习者对中介语清塞音的习得情况，验证了埃克曼的语言标记假说：学习西班牙语的美国人习得不送气的塞音没有困难，而学习英语的西班牙人习得英语中送气的清塞音却存在困难[4]。奥马力（O'Malley）等人的研究表明，好学生较多地使用元认知策略，差学生则注重学习行为、学习过程，即认知策略的

---

[1] Ganschow（1991）.
[2] Fantini（1985）.
[3] 王魁京（1997）。
[4] Fellbaum（1996）.

使用①。格林（Green）和奥斯福特（Oxford）的研究显示②，好的学习者使用学习策略的频率往往较高。斯蒂凡（Stephen）以香港学生为背景，通过问卷调查，研究了英语学习策略与学习者英语水平的关系③。

二 汉语为母语的语音习得

王士元测试了汉语第三声，后接上声字、非上声字发生的连读音变的调值，文中关于上声与语义及元音音质的讨论，对本书汉语音节结构和特点的分析有一定的启发④。林焘用实验的方法，研究了北京语音的声韵调及轻声、儿化等音变现象⑤。郭锦桴阐述了汉语声调的音系特征，并对声调进行了静态和动态的分析，还归纳考察了外国人学习汉语声调时出现的偏误⑥。赵金铭主编的《语音研究与对外汉语教学》，收集了有关汉语语音研究与教学的文章数十篇，包括对汉语声韵的描写与解释、汉语韵律特征语音教学等⑦。

三 汉语作为第二语言的语音习得

王秀珍在《韩国人学汉语的语音难点和偏误分析》一文中，比照了普通话声母、韵母与韩语的语音对应关系，发现差异大的舌尖前音对学习者难度较大⑧。宋春阳在《谈对韩国学生的语音教学——难音及对策》中表明，"除了母语中没有的音是难音以外，母语同目标

---

① O'Malley（1990）．
② Green & Oxford（1995）．
③ Stephen Brenner（1998）．
④ 王士元（2002）。
⑤ 林焘（1985）。
⑥ 郭锦桴（1993）。
⑦ 赵金铭（1997）。
⑧ 王秀珍（1996）。

语近似的音往往也是难音"①。鲁健骥根据赛琳克中介语产生的原因，列举了外国人学习汉语语音偏误的种种偏误，对中介语在声母、韵母、声调、重音和语调等方面与目标语语音进行了比较和分析②。李明通过对汉语语音特点和外国人母语干扰的分析，对外国学生学习汉语语音的共同难点做了初步的说明③。王韫佳通过对韩国、日本学生感知汉语普通话高元音的考察，发现在韩国学生的感知范畴中，/y/与/i/相似度高于与/u/的相似度，[y]与[i]的混淆率相应较高，两者都是一个特征的差别：音素[y]与[i]的差别是圆唇与否，[y]与[u]的差别是舌位前后。她还研究了日本学习者感知和产生普通话鼻音韵母之间的关系，对测试的分析结果表明，知觉与发音之间存在正相关，但对项目分析的结果，则未显示两者的显著关系④。梅丽考察了不同汉语水平日本学习者习得普通话卷舌声母 zh、ch、sh 的过程。研究结果表明：日本学习者习得普通话 zh、ch、sh 的过程中存在系统语音变异，变异一定程度上受到语言语境、情景语境影响。卷舌声母习得与后接元音之间存在一定关系，后接元音 /i/ 对习得有消极影响。ch 是习得难点，后接元音 /i/、/u/不利于学习者发送气音。此外，日本学习者卷舌声母的语音变异中也存在自由变异。不同习得阶段卷舌声母自由变体隐现的方式和程度不同⑤。江新采用奥斯福特的语言学习策略量表（Strategy Inventory for Language Learning, SILL），对留学生性别、母语、学习时间、汉语水平等因素与学习策略的关系进行了研究，发现留学生汉语学习策略与汉语水平之间

---

① 宋春阳（1995）。
② 鲁健骥（1984）。
③ 李明（1997）。
④ 王韫佳（2001，2002）。
⑤ 梅丽（2005）。

有显著的差异①。毛世桢对难点语音的测试，和汉语语音测试的重点，及测试中错误与缺陷的界定等问题，作了分析和讨论②。田靓考察了汉语水平、母语类型以及性别等因素对于外国留学生汉语语音短时记忆的影响。结果表明，留学生汉语语音短时记忆与汉语母语者的情况类似，受语音相似性干扰③。李媚乐论述了俄语作为母语对汉语习得的负面影响，以及由于教学法不当导致的不良后果，给俄国汉语教学提出一些意见④。

---

① 江新（2000）。
② 毛世桢（2002）。
③ 田靓（2005）。
④ 李媚乐（2004）。

第三章

年龄、学习策略、母语迁移与汉语语音习得

第一节 年龄与口音

我们不难注意到,成年人说外语,"不可能像说母语一样纯正";而儿童通常能够发出很标准的语音,听不出外国腔[①]。语音习得尤其如此:年龄越大,学习一门外语或方言,口音越重;年龄越小则越不明显,而儿童学习第一语言,一般没有口音。这种现象在加拿大这样的一个移民国家随处可见:儿童似乎不费劲就能学好一门外语,而与他们同时移居异乡的父母们却往往遇到很大的语言障碍,就算多花几倍的时间,也未必能达到他们子女的水平。此类的例子举不胜举:波兰小说家约瑟夫·康拉德(Joseph Conrad),20岁后开始学习英文并用英文创作,其作品是修读英国文学专业必读教材,但他始终都操一口浓重的波兰口音的英语。有足够的例证让人们确信,成年人学习外语,词汇语法可以近乎完美,但语音却很难达到相同程度。和成人相比,儿童习得第二语言语音更成功。

---

① Ferguson & Garnica (1975).

第三章 年龄、学习策略、母语迁移与汉语语音习得

年龄是影响第二语言语音习得的重要因素。约翰逊和纽波特（Johnson & Newport）、弗列日（Flege）、莫耶（Moyer）等人的研究表明，无论是正式的课堂教学，还是在 L2 环境中沉浸式的学习，开始接触 L2 的时间都相当重要。开始学习 L2 的年龄比学习时间的长短对口音的影响更大。林纳伯格（Lenneberg）认为，语言学习能力从 2 岁开始逐渐减弱，到青春期停止[①]。年龄对于语音习得的重要性难以忽略。研究者普遍认为，过了一定年龄，学习者不可能再习得新的语言形式，也不可能习得标准的语音。人类的语言习得关键期什么时候结束没有定论，但普遍认为是青春期（约 12 岁）之前[②]。

如何证实语言习得关键期的存在及其准确性？

泰赫塔、伍德和勒文塔尔的研究[③]，以及弗列日的研究[④]，结果都对"关键期"假说提供了不同程度的支持。前者让来自不同国家的移民英国的 6～15 岁以上的 109 位成人和儿童，读一小段英文课文，由英国本土人做评判，对他们的口音从"没有外国口音"到有"明显的外国口音"进行三个等级的评定。得出的结论是：6 岁前移民的孩子没有口音，没有口音的比例随着年龄的增高逐渐降低；12 岁及之后移民的则有外国口音，且大多被归类在"明显的口音"一类。弗列日对移居美国的英语学习者的英语口音进行了考察。考察对象年龄介于 1～26 岁之间，分别来自母语为中文的中国台湾和中国大陆及来自西班牙的英语学习者。考察结果也证实了"关键期"假说的准确性。

然而，儿童习得外语并非完全没有外国口音，而"关键期"之后开始习得外语的青年或成年也并非就一定会有口音。我们注意到，

---

① Johnson & Newport (1989); Flege (1995); Moyer (1999); Lenneberg (1967).
② Scovel (1969, 1988, 2000).
③ Tahta, Wood & Loewenthal (1981).
④ Flege (1988b); Flege & Fletcher (1992).

§ 多元文化语境中的汉语语音习得 §

上述研究的对象都是移民,他们是没有经过正规课堂训练的学习者。那么对本书研究的对象,即专门经过语音学习和密集型训练的学习者,是否会得出相同的结论?

诺伊费尔德(Neufeld)对20位年龄在19~22岁,学习中文和日文的加拿大大学生,进行了口音测试。这些学生都经过密集的大学中文和日文语音训练。测试材料是10个中文或日文短语,每个被测试者对测试材料非常熟悉,并经过专门指导,他们朗读这些词语并对其朗读进行录音记录,然后请母语为中文和日文的本地人各三位进行听辨,并对他们的语音做5个等级的评分。9个日文习得者被评定没有口音,8个中文习得者被评定没有口音[①]。结论是,成人没有丧失习得第二语言语音的能力。

笔者在加拿大从事汉语教学,对象都是超过18岁的大学生,开始学习汉语的时间也都过了"关键期"。在多年的教学实践中,发现和培养了一批英语为母语的成功的汉语语音习得者。应该说,"乡音难改"的是大多数,可是,也总是有能把汉语说得字正腔圆的。那么,语言学习关键期假说为什么对少数学生不适用?在什么样的条件下,学生能够摆脱"洋腔洋调",而能说一口"纯正地道"的汉语?

口音和年龄有很大的关系,但二语语音研究结果,并不足以证明成人学习外语语音全无优势。超过"关键期"年龄的成年人依然能够成功习得跟母语一样的汉语语音,这一现象引发了我们对语言学习关键期假说的关注和重新审视,进而探讨成年人如何克服年龄的限制而成功习得汉语语音。

本节首先对超过语言习得"关键期"的学习者能够获得母语一样的语音进行验证,然后探讨成年学习者学习汉语语音成功的学习策

---

① Neufeld(1979).

略。本书的研究证实，成年人使用适当的学习策略，能够成功获得标准的现代汉语语音。

一 研究对象

加拿大西安大略大学休伦学院全日制学生22人，男生12人，女生10人，年龄介于18~25岁，6人为控制组，母语皆为汉语；汉语为第二语言的习得者16人，他们在加拿大出生、长大，母语为英语，在加拿大西安大略大学休伦学院修读基础汉语课程，最初学习汉语的年龄都超过12岁。研究对象分为三组：

A组——6人，母语为中文，女生3人，男生3人。他们都说标准汉语，没有方言口音。

B组——6人，女生2人，男生4人，母语为英语的汉语习得者。他们是从二至三年级汉语课程中挑选出来的学生，口语成绩优异。本书关于年龄对语音习得限制的探讨，及超过"关键期"年龄的学习者成功习得汉语语音所使用的策略，这组学生是研究重点。

C组——10人，女生5人，男生5人，母语为英文的汉语习得者，他们是从汉语课程各班随机抽取的对象，汉语带有不同程度的口音。

二 研究方法与测试材料

拉波夫（Labov）曾从社会语言学的角度，根据对纽约市居民发音进行的调查研究，创立了"语体连续体"（Stylecontinuum）的概念[①]：无拘束的谈话为连续体的一端，代表随意讲话场合所使用的语体；朗读词语为连续体的另一端，代表需要较多关注的正规社交场合的语体。学习者所采用的中介语变体（Interl Language variety），随着

---

① Labov（1972）.

社交对象、场合、语体的改变而改变。

拉波夫的研究确定了语言变体与社交语体、说话人对言语关注程度三者的相关联系——说话人使用不同的语体时，对言语的关注程度不同，它决定着社交中语言的具体使用。拉波夫的研究并非针对第二语言习得，但基于这一研究得出的"语体连续体"的概念，却引起了第二语言习得研究者的广泛兴趣并用来解释中介语偏误的起因。塔罗内（Tarone）应用社会语言学的理论架构，在第二语言习得研究的基础上，对社交情景影响中介语变异的论题进行了归纳。他认为，不同的社交语体对言语关注的程度不同，中介语所表现出的系统性强弱也随之变化。关注越少，中介语所表现出的系统性就越弱，变异越多[①]。

本项研究考察的目的，是在大学接受正规课堂教学，经过专门的语音学习和密集型训练的学习者，在某种或各种语体中，能否获得标准汉语语音。本书测试材料的设计和使用，参照拉波夫"语体连续体"中的"朗读词语""朗读对话"和"自由表达"等，分四项：词语朗读，句子朗读，课文朗读，命题短讲，它们是考察学习者在社交情景中对言语自我监察程度的最常用的语体。在朗读（词语或句子）时，学习者不需要担心语法错误或用词等，语音偏误相对较少，容易产生接近母语的发音。学习者对上述四种语体的语音自我监察的程度依次减低，语音偏误则依次增多。被测试者在做"词语朗读"时，对语音的关注度为最高；其次是"朗读句子"和"课文朗读"；"命题短讲"时，对语音的关注度为最底。本项研究在测试材料的第1～3项，即词语朗读，句子朗读和短文朗读部分，增加了拼音拼读项目，拼音拼读的词语和仅有汉字的词语难度相当。拼音拼读与汉字朗读的对照，可以让我们更清晰地考察学习者的关注程度对发音的影

---

① Tarone（1988）.

响，以证实在学习者经过充分准备并给予充足时间的条件下，能够发出标准汉语语音，排除成年人丧失习得标准语音的可能性。

具体材料设计如下。

（1）a. 汉语拼音拼读词语：双音节词语 30 个，每个声母、韵母、声调、上声连读等至少出现 2 次；

（1）b. 朗读词语：与 1a 难度相当的双音节词语 30 个，每个声母、韵母、声调等，至少出现 2 次；

（2）a. 汉语拼音拼读句子：6 个句子，每个句子含 5～10 个词语；

（2）b. 朗读句子：与 2a 难度相当的 6 个句子，每个句子含 5～10 个词语；

（3）a. 汉语拼音拼读短文：100 个音节的课文一段；

（3）b. 朗读短文：100 个音节的课文一段，与 3a 难度相当；

（4）命题短讲：话题内容与日常生活相关，在没有文字凭借的情况下，围绕题目说约 2 分钟。测试者做必要的引导和参与，确保被测试者按照指定的内容和时间顺利完成测试。

测试在电脑室逐个单独进行。每个学生都按同样的顺序完成第一项到第四项的录音。他们事先不被告知测试的目的，也不知道自己的录音将按语音标准程度被评为四个等级。被测试者录音前可以在口试试卷上做一些标记。每项测试开始前有足够的时间准备，然后按照平时说话或朗读的语速录音。

本次研究邀请了 5 位（2 女 3 男）母语为中文的西安大略大学的国际学生做评判，聆听录音并对被测试者的口音按等级评定。他们都来自中国大陆，没有方言口音，年龄介于 19～25 岁，都没有语音测试经验[①]。

[①] 有研究证明（e.g. Scovel, 1988; Flege, 1984），没有测试经验的人做评判能够较准确地对口音做出直观的判断。

评判给每个被测试者打分。在评分之前，评判事先收到并阅读评分细则及朗读书面材料。他们知道被测试者包括母语为中文及中文为第二语言学习者两类，但两类被测试者的人数及汉语学习者的母语，则没被告知。他们对每个被测试者的口音按四个等级打分：

一等：没有口音，完全是汉语为母语者的语音；

二等：有轻微的口音；

三等：有明显的口音；

四等：很严重的口音，很难辨明朗读或说话内容。

三 测试结果

（一）各组被测试者语音偏误比较

我们首先将控制组（A组）在测试中出现的偏误，和优秀组（B组）及普通组（C组）进行了对比。比较结果见表3–1。

表3–1　　　　　　各组被测试者在测试中的语音偏误比率＊

	1 词语朗读（％）	2 句子朗读（％）	3 课文朗读（％）	4 命题短讲（％）
A组	5.1	5.4	6.3	6.7
B组	3.3	4.1	6.2	6.6
C组	7.8	12.4	17.6	22.4

（＊偏误比率＝偏误次数/音节个数。）

1. B组在各项测试出现的偏误较低，第1项到第3项都低于控制组，C组的各项偏误比率高于控制组。B组（优等生）中有4个学生在测试项1和2都得到满分，3个学生在测试项3也得到满分。

2. 在各项测试中，C组的结果都明显比其他两组比分低。命题短讲一项差别明显。

3. 优秀组（B组）在各项测试中的语音表现不比控制组差，从得分来看，反而都比控制组高，尤其是词语朗读，得分近乎完美。

4. 控制组（A组）在有拼音依照的拼读中的得分明显低于B组。

5. 三组被测试者在词语朗读（汉字）一项结果最接近。"词语朗读"与"句子朗读"为指定范围测试，学生在课堂上学习、操练，教材有配套的光碟供学生课后练习，学生对测试材料比较熟悉，应试者试前投入准备的时间往往也是最多的，有充分自信。

6. 四项测试，B组语音失误随测试语体的变化较小；C组在不同语体测试中偏误出现的比例变化明显，反映这组学生语音受测试材料的影响较大。

测试结果说明，当被测试者对测试材料给予足够的注意，不需要考虑语法或用词时，发音可以十分标准，尤其是有拼音标注时。说母语者在朗读时没有将全部注意力放在发音上，因而不比B组被试得分高，在1项、2项甚至低于他们。

（二）各组被试在四个测试项中的表现

表3-2列出了应试者在各项测试中的平均偏误率。从"词语朗读""句子朗读""课文朗读"到"命题短讲"，应试者对言语的关注程度依次减低，我们看到失分率随之依次增高，这表明测试者的语音表现随着对测试内容的关注程度的降低而降低。见表3-2。

失分率：词语朗读＜句子朗读＜课文朗读＜命题短讲

    关注度高←　　　　　　　　→关注度低

表3-2　　　　　　被测试者在四项测试中的偏误统计

	1 词语朗读（%）		2 句子朗读（%）		3 课文朗读（%）		4 命题短讲（%）
平均偏误率	a 拼音 3.2	b 汉字 5.4	a 拼音 3.8	b 汉字 11	a 拼音 4.5	b 汉字 24.1	25.6
	4.3		7.4		14.3		25.6

从表3-2可以看到：拼音朗读的偏误率低于汉字朗读。应试者平均偏误比率从低到高，依次是测试项1-2-3-4，三组被试都如此。

中介语系统性的强弱，从学习者在各项测试中所发生的字音偏误可以得到一定的反映：偏误越高，系统性越弱，变异越多。

（三）高偏误语音项在各语体中的分布比例

我们抽取偏误比率最高的四（类）个音（语音变项），考察它们在四种语体中的偏误情况。

这四个语音项分别是：

（1）元音 ü［y］

（2）舌面音 j［tɕ］，q［tɕʻ］，x［ɕ］

（3）舌尖前音 z［ts］，c［tsʻ］，s［s］

（4）第四声

从图3-1的数据中我们可以看到，尽管各变项在不同语体中的偏误比率不同，但"连续体"由正式语体一端移向非正式语体一端，偏误比率是逐渐增高的。ü［y］发生变异的比率在自由的非正式的语体"命题短讲"中的偏误是最多的，达到31%，它在正式语体"朗读"测试中的偏误比例相对于其他语音项而言偏高，这一语言项的中介语变异存在于几乎所有社交语体中，换言之，社交语体变化与ü［y］中介语的变异情况线性关系相对而言不像其他三种那么明显。我们不妨推论：ü[y]的难度已经超越了学习者对言语增加关注而能改善的程度。反复操练和学习策略的使用或许是避免这类偏误发生的方案。

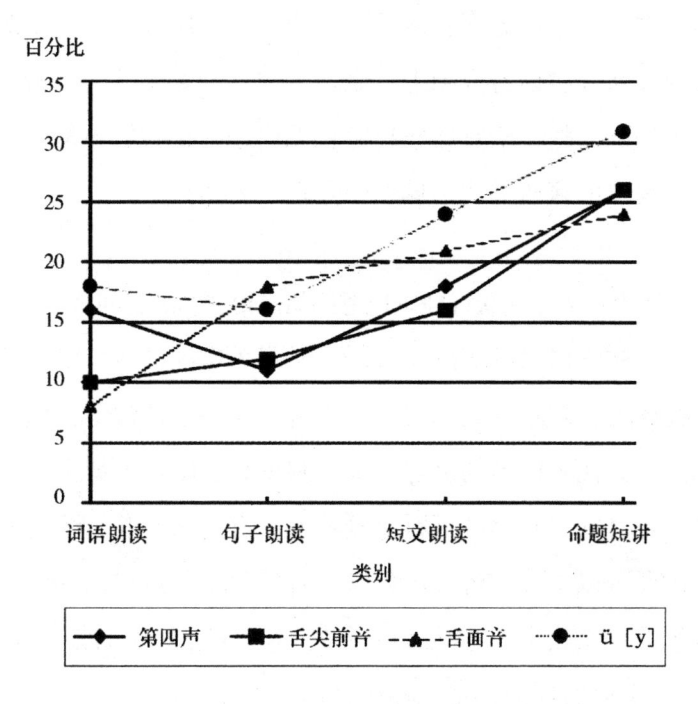

图 3-1 不同语体中语音变项失误考察

从不同学习者（B、C 两组）的语音偏误中我们可以发现并解释其中介语所处的状态。科德将学习者的语言偏误按阶段归为三类[①]：（1）前系统偏误，它的特点是无规律性，通常发生在学习者最初接触新的语言知识并对此进行探索和归纳时，出现的偏误自己意识不到，需要别人指出，知道了也不能自行纠正。（2）系统偏误，它具有明显的系统性，即学习者反复出现同样的偏误。这一阶段的学习者

---

① Corder (1981).

对目标语的某个语言知识已经有了一定的认识，知道自己的错误，但仍然不能纠正。（3）后系统偏误，这是学习者已基本掌握了某个语言知识后出现的少量的、自己能够意识并纠正的偏误。C组学习者表现出的大多是前系统偏误，偏误多，类型广；B组学习者偏误集中在某一种或少数几种语音变项上，表现出明显的系统性，表明对语言知识有比较好的掌握，语音比较稳定，无论是在正式的还是非正式的语体中，表现出的言语关注与偏误的关系不太明显。

四 结论：成年人获得纯正地道的第二语言语音是可能的

本节对初学汉语的年龄超过语言学习关键期的成年汉语学习者的小型研究证实，较晚开始学习第二语言，在一定条件下，仍可以获得纯正地道，或接近标准的语音。本项测试是在学校环境中，学习者有足够的准备时间，对测试材料比较熟悉，有自信，并给予充分关注度的话，语音可以十分接近母语为汉语者的程度。这对以移民为研究基础说得出的"关键期"假说，认为的学习语言的"时期"到青春期或12岁就结束的理论，是一种补充。

当然，此项小型研究并不否定较早开始学习第二语言在生理上的优势。我们希望进一步了解的是，成年人学习二语语音是否有优于孩童的地方？那些初学年龄较晚，而又成功获得汉语语音的习得者，通过怎样的方式弥补年龄的劣势。

我们着重考察了以汉语为第二语言的被测试者，即本项研究中B组（优秀组）和C组（普通组）两组学习者。他们都是12岁以后开始接触汉语，在大学的汉语课中，都以英语授课，接受正规的课堂汉语语音训练。汉语课每周2次，每次2小时，除语音教学之外，兼学听与读写。

研究对象 B 组被试的发音明显优于 C 组，尽管两组被测试者对测试材料熟悉程度相同，学习者的母语相同，学习环境相似，年龄相仿，开始学习的时间相近，测试条件一样，测试中也都有充分的条件注重并监控自己的语音。研究结果对 B 组与 C 组学习者语音偏误上的差别，单从年龄、教学方法等方面，我们很难做出解释。那么，学习者自身的条件和学习路径，似乎是产生不同学习效果的缘由。

在学习中，学习者有意或无意地都使用了某些策略，对这些策略的了解，未必能揭开成败的所有奥秘，但学习者在课堂内外如何处理大量的语言信息，面对问题或者困难时，采取怎样的态度和方法？这对语言教师，对那些乡音难改的学生，对成功的汉语教学非常重要。接下来，我们把焦点集中在成功学习者身上，考察他们所使用的学习策略。

第二节　学习策略与语言能力

学习策略能够提高学习者的语言能力，国内外学者对学习策略与语言能力的关系方面的研究，始终抱有极大的兴趣，因为成功的语言学习者与他们在学习过程中的策略选择、策略使用的频率等必定存在着联系。

1975 年鲁宾（Rubin）以学习者为中心，率先将语言学习成功者与学习策略联系起来[①]，随后各地学者和教育者越来越多地关注学习策略在语言习得过程中所发挥的作用，试图揭示学习策略与成功的语言学习之间的关系，了解成功学习者普遍采用的学习策略。不少研究也都证实了成功的语言学习者和他们在学习过程中的策略选择和策略

---

① Rubin（1981）.

使用等方面存在着一定的联系。例如，比亚韦斯托克（Bialystok）运用形式操练策略、功能操练策略、推理策略、监控策略的分类框架，得出形式操练与成绩呈负相关的结论，功能操练最能解释显著性差异。运用同一分类框架，文秋芳考察了学习者可控因素对英语成绩的影响，发现了对英语四级成绩有明显的预测作用的形式操练策略和母语策略。杨翼通过问卷调查，考察了四年级留学生汉语学习策略与学习效果的关系。张彬在语言学习策略与大学英语四级考试成绩间的关系研究中，揭示了高分组与低分组学生在学习策略使用上的差异。亚伯拉罕和万（Abraham and Vann）研究了成功和不成功者的语言学习策略，发现成功者使用的学习策略大多相同。奥马力（O'Malley）等人的研究表明，好学生较多地使用元认知策略，差学生则注重学习行为、学习过程，即认知策略的使用。格林和奥斯福特（Green & Oxford）的研究显示，好的学习者使用学习策略的频率往往较高。江新采用奥斯福特的语言学习策略量表（SILL），对留学生性别、母语、学习时间、汉语水平等因素与学习策略的关系进行了研究，发现留学生汉语学习策略与汉语水平之间有显著的差异。布雷姆（Bremner）以香港学生为背景，以奥斯福特的分类体系为基础，通过问卷调查，研究了英语学习策略与学习者英语水平的关系[1]。

学习策略具体包含哪些内容？用以描述学习策略的概念，应该是"技巧"（techniques）[2]、"行为"（behabvior）[3]，还是一种"装置"（devices）[4]呢？对学习策略的定义和分类，在语言教学界还未达成

---

[1] Bialystok（1979）；文秋芳（1995，1996）；杨翼（1998）；张彬（2004）；Abraham and Vann（1987；1990）；O'Malley（1990）；Green & Oxford（1995）；江新（2000）；Bremner（1998）.

[2] Rubin（1975）.

[3] Richards and Platt（1992）.

[4] Ellis（1986）.

共识。然而，有一点是共同的，不论是"技巧""行为""装置"，它们都以提高目标语的语言能力为目的。美国学者奥斯福特的表述"学习者为提升他们的学习所采用的措施与步骤"（operations or steps）及其设计的语言学习策略量表（SILL）[①]，是比较全面和被普遍使用的观点和研究工具。奥斯福特将学习策略分为六类：

记忆策略（memory strategies）：记忆目标语；

认知策略（cognitive strategies）：理解和产生目标语；

补偿策略（compensation strategies）：弥补不足的目标语知识，达到使用目标语交流、阅读的目的；

元认知策略（metacognitive strategies）：计划、监控目标语的习得；

情感策略（affective strategies）：管理、规范习得过程中的情绪、态度、感受等；

交际策略（social strategies）：通过交际行为与别人合作学习。

奥斯福特将上述六种策略归为两大类：直接策略和间接策略。前者直接涉及目标语，包括记忆策略、认知策略和补偿策略；后者为目标语的习得提供间接的支持，如计划、协调等，包括元认知策略、情感策略和交际策略。这比奥马力（O'Malley）和查莫得（Chamot）所做的认知策略、元认知策略和交际/情感策略的分类更为细致、更全面，同时克服了只强调认知和元认知策略，而看轻情感和交际策略的重要性[②]。奥斯福特还按照这种分类框架，设计了一套学习策略问卷——语言学习策略量表（SILL）。奥斯福特的这一整套分类系统和

---

① Oxford（1990）.
② O'Malley & Chamot（1990）.

学习策略量表,也许是目前对学习策略最全面的归类①。

本项研究采用奥斯福特为英语学习者设计的语言学习策略量表 SILL(第7版)。原量表共设50项,按奥斯福特对学习策略的分类分六个部分,每部分含6~14项不等,第三、第五、第六部分(补偿策略、情感策略、交际策略)每部分均有6项,第二部分(认知策略)最多,为14项,其他两个部分(记忆策略、元认知策略)均为9项。本项研究在由英文版译为中文版时,做了相应的改动,将目标语改为"中文"。学生需要对每项策略,在5个不同程度的选项中,按照自己的情况做出最适合自己的选择,选项1~5,由"从不符合"到"十分符合"程度依次递增,第1、第2为否定的选项,第4、第5为肯定的选项,第3为中间:"某些时候符合"。

(一)使用比例较高的学习策略

调查发现,使用比例超过80%的学习策略有13项,其中5项为元认知策略,3项为认知策略,记忆策略和补偿策略各有2项,交际策略1项,情感策略最少,为零。如表3-3所列。

表3-3　　　　　　　　学习者使用较多的策略

学习策略	内　容	使用比例(%)
记忆策略 (共9项)	我将已有的中文知识和新学的知识联系起来。(1)	81.9
	我在语句中使用新学的词汇,已把它们记住。(2)	80.9
认知策略 (共14项)	我会说几遍或写几遍新词。(10)	87.2
	我尽量说得像母语为中文的人一样。(11)	83
	我练习中文发音。(12)	93
补偿策略 (共6项)	交谈中如遇到不会说的词语,我用肢体语言。(25)	91.5
	遇到不会说的话,我用其他的词或短语代替。(29)	85.1

① Ellis(1994).

续表

学习策略	内　容	使用比例（%）
元认知策略 （共9项）	我尽可能多地使用中文。(30)	81.9
	当别人说中文的时候我特别留意。(32)	85.1
	我试图寻找成为一个更好的中文学习者的方法。(33)	87.2
	我找机会多和别人用中文交谈。(35)	83
	我有明确的提高中文水平的目标。(37)	90.4
交际策略 （共6项）	如果听不懂，我会请对方减慢速度或重说一遍。(45)	87.2

（二）优秀组与普通组学生学习策略比较

两组学习者学习策略的使用情况如表 3-4 所示，统计结果为 3 或以上（肯定的结果）的有认知策略、补偿策略、元认知策略、情感策略和交际策略五个类别，学习者最常用的是补偿策略和元认知策略，认知和交际策略其次，记忆策略最不常用。

我们从表 3-4 还看到，C 组的情感策略和记忆策略的使用高于 B 组，这表明记忆策略和情感策略较多地为一般汉语学习者所使用；认知策略、元认知策略和交际策略，B 学生使用的频率略高于 C 组，这也许可以反映出成功的汉语学习者使用学习策略的取向。

各类学习策略中，补偿策略在两组学生中的使用排在第一，这与奥斯福特等人的研究结果有所不同[①]。一般说来，学习者因为自信不足，或是不具备足够的语言知识，很难用"猜测"或"创词"的方法完成语言的理解或表达，而被调查的对象却常常"用其他词或短语"，甚至直接用他们熟悉的语言代替中文的表达方式。

---

① Oxford (1990).

表 3-4　　　　　两组学习者对六类学习策略的使用频率

	记忆策略	认知策略	补偿策略	元认知策略	情感策略	交际策略
B 组/优秀组	2.69	3.37	3.73	3.45	3.01	3.57
C 组/普通组	2.91	3.2	3.21	2.68	3.16	3.14
平均	2.8	3.3	3.47	3.07	3.08	3.36
排序	6	3	1	5	4	2

使学习者在学习中自我协调、自我监控的"元认知策略",奥马力认为与高水平的学生关系密切[1],在本次调查中是被大多数学习者使用的策略,如表 3-3 所示,使用比例超过 80% 的调查项目有五个。表 3-4 显示 B 组使用元认知策略的学生明显多于 C 组,这说明成功的学习者具备控制语言学习的能力。格林和奥斯福特的研究也表明,元认知策略与交际策略一起,都是区分学习者成绩差异的学习策略[2]。在我们的调查中,B 组学生使用这两项策略的频率较高(仅次于补偿策略)。本次研究结果显示,学习者在学习策略使用上的差异,不仅表现在各种策略的使用上,或许更大程度上取决于策略使用的频率。

交际策略的使用频率排第二,B 组学生中所使用的频率,也排第二。我们看到,C 组的使用率并不算低,超过中间值"3"。不同组别的学生在交际策略的使用方面差别不大。

奥斯福特认为与学习者的成功关系最密切的认知策略,本书的调查结果显示,B、C 两个组别使用的频率依次递增,说明认知策略与学习者成绩学习时间呈正相关,学习者的成绩越好,他们对目标语的运用能力也越强。然而,B 组的学习者对认知策略的使用,排在补偿策略、认知策略和交际策略之后,这与奥斯福特得出的结果有很大出

---

[1] O'Malley (1985).

[2] Green & Oxford (1995).

入。原因可能是：(1) 调查对象不太擅于寻找汉语语言模式和规则；(2) 学习策略的使用除了与学习者个人因素有关外，还与社会、语言环境有关系，它们共同影响学习的速度和成效。

　　学习策略与汉语语音水平之间的关系，我们将上文表中抽象的数据转化成具体的文字描述，一个成功的学习者大致会采用这样的做法：

　　他/她总是尽一切可能，利用一切机会使用和练习汉语；对词句或段落的意思不确定时，不会感到困惑或沮丧，而是大胆猜测并将谈话或听讲继续下去；不会说也不担心，遇到问题及时向老师或说母语者求教，甚至让交谈对象完成补充自己不会的词句；善于总结寻找语音规律，并联系已有的知识或母语发音，比较汉语语音的异同；刚学的词语，及时在交谈中使用，并尽可能多地使用，在交谈中特别注意新词汇；除了练习说话，还花时间训练听力，提高理解能力，如有选择地收看或收听水平相当的电视或广播节目；此外，他们还使用周围能利用的一切条件和资源达成学习目标，如交中国女/男朋友，找中国人做室友，唱中文歌等。或许，他们还常常"边做边说"，在日常生活中所做的动作，用汉语表达出来："我刷牙""我在洗澡""我梳头""马上穿衣服"等。

　　语音习得的成败与很多因素有关，如年龄、性别、性情、母语、成长经历、语音背景、教育状况等，学习策略只是影响语音习得的因素之一。成功的学习者都有较强的学习动机和主动学习的意识，而学习策略则是学生主动学习的一个工具。同样的课堂教学及教材教法，不同学习者理解、记忆直至获得目标语语音所采用的学习计划安排及使用的途径方法等有所不同，甚至有明显的差别，其产生的功效也就不同。善于在不同的场合情景下选择使用各种学习策略，对帮助学生完成学习任务实现学习目标及解决学习中面对的各种困难，都大有裨益。

（三）结论：成年人成功的语音习得与学习策略密切相关

如上文所述，不同策略有不同的功效，有的调动学生的组织能力和自我监控意识（元认知策略）；有的让学生使用已有的知识解决学习中的新问题（认知策略）；有的通过与同学老师或汉语为母语者的互动，提高语音水平（交际策略）；等等。各种策略的综合使用，让学习变被动为主动，才能有效习得汉语语音。

对于加拿大大学生汉语学习策略的研究调查，我们的主要发现是：

1. 学生使用最多的学习策略，为元认知策略。

2. 补偿策略为使用频率最高的策略。

3. 情感策略和记忆策略较多地为一般学生使用，B组学习者较多地使用补偿策略和元认知策略。

4. 不同学习者选择使用相同的学习策略，却得到不同的成效。策略的使用的频率也许更大程度上决定了学习程度的差异。

策略本身无"好""坏"之分，笔者不同意将学习策略分成"好"策略和"差"策略，每种策略只要使用得当都可以帮助学习者有效学习。所谓"优秀学习者的策略"，是善于在不同场合，使用各种不同的策略，提高他们的语言技能和语音水平。汉语语音教学中，什么策略有效，因时因人而异，汉语教师需要了解的是，在不同学习阶段，不同情境（课堂与课外）中，某些策略的使用是否多于其他策略，或更有效。训练学生有意识地在学习中使用各种策略，可以帮助他们计划他们的学习，有效管理时间，提高自我监控和自我审察学习效果的能力，充分利用现有条件，学习、记忆和巩固新的语言知识。相信落后学生也能更快地进步，从而变得优秀。

洋人把汉语说得字正腔圆，已经不是什么稀罕事儿了，但多数学习者还是"乡音难改"。笔者从长期的教学实践中发现,优秀学习者都有强烈的学习动机,在课堂内与课堂外,都对汉语投入了大量的时间。此外,性别、年龄、性格、成长经验、语言背景、教育状况等因素,都可能影响学习的成效。本节没有对学习者的个人基本资料包括他们的学习动机及学习者态度、方法等进行调查,这些也都可能对他们最终取得的学习成效,或在习得过程中策略的选择和使用造成影响。对优秀学习者的学习动机和学习态度等,本书第六章将做深入的调查。

大部分过了青少年时期(10~12岁)才开始学习汉语的学习者,都没有获得标准的汉语语音,但不表明没有。本节通过比较同一年龄段成功与普通学习者的学习策略,结合汉语教学和测试,发现成年人(18岁以后)并没有丧失语言学习的能力。学习策略的恰当使用可以让他们习得如母语般的汉语语音,本节从学习者对各种学习策略的了解和使用上得到部分的求证。此外,本书的研究还发现,大多数成功学习者都说双语或多种语言,第五章和第六章将详细探讨学习者的语言背景对汉语语音习得的影响。

第三节 语言迁移与汉语中介语语音

中介语语音就是带口音的二语语音;汉语中介语语音,一般表现为不纯正的汉语语音,也就是人们常说的洋腔洋调。成年人的口音常常是因为语言迁移,之前习得的语言转移到目标语语言系统中而产生的。早期的一些研究持行为主义的立场,如奥苏伯尔(Ausubell)认为所有的学习都或多或少地出现迁移,第二语言成功习得的重要因素,在于掌握两种语言之间的相似及差异程度:当 L1 与 L2 相同或相似时，学习产生正迁移。学习者借助正迁移这个"顺风车"，不需要太多努力就能学会。但学习者常常用母语的发音直接替代二语语音，特别是当 L1 与 L2 的语素有差异时，偏误产生了。表现在语音上，就是口音①。

心理学家注意到，迁移的发生需要一定的条件。有些学者认为，目标语与母语相同的部分，会发生迁移，因而容易习得②。新知识须和之前获得的语言能力或语言知识有相关性或相似性，迁移才有可能发生③。上述研究都不是关于语音，但这些研究所得出的结论对语音习得研究有相当大的应用价值。初学阶段语言迁移发生的机会比较大，也比较频繁④。

一 语音习得迁移发生的种类

魏因赖希（Weinrich）描述了语音迁移的各种情况，包括以下诸类⑤：

（一）替代（sound substitution）：母语＝目标语，直接替换。学习者用母语 L1 中最接近的音来替代接近目标语 L2 的语音。例如，加拿大大学生用 cats 中的 ts，替代汉语声母 c。

（二）语音加工（phonological process）：学习者使用母语中的音位变体，替代目标语中的某些音，特别是难发的音。例如汉语 ba 中的辅音是清音/p/，英语单词 bay 中的辅音是浊音/b/，学习者，特别

---

① Ausubell（1963）.
② Hawkins & Chan（1997）.
③ 二语习得中的语言迁移，早在对比分析之前就有研究。迁移在二语语音习得中的重要性随着研究的深入而逐渐显现（Gass & Selinker, 1983, 1992; Odlin, 1989, 2003; Han, 2004; Gagne, 1965; Ausubel, 1963; Osgood, 1946）。
④ Sprouse & Schwartz（1998）.
⑤ Weinreich（1953）.

是初学者很容易将汉语音节 ba 中的辅音发成浊音。成人学习汉语常出现这一类偏误，听起来相近，但不够标准。又如学生常常将汉语/ɕ/，却发成了英语的/ʃ/。中介语替代并非随意的，而是有规律的，大部分母语相同的学习者所发生的偏误有共同特点。

（三）差异不足（underdifferentiation）：母语有，目标语无。母语中两个音素是同一个音位，而目标语中则是两个不同的音位，如英语 tar 与 star，两个辅音字母分别发［t］与［tʻ］，它们是同一音位变体，而汉语中的 ta 和 da 中的［t］与［tʻ］是两个不同的辅音音位，如"踏"与"大"靠辅音区分词义。

（四）超差异（overdifferentiation）：母语中有差异，两个音素是不同的语位，目标语中是同一个语位。例如，英语中长短元音是两种不同的语素，sheep 和 ship 两个词语的区别在于元音的长短。而汉语没有长短元音的对立，只有一种就是短元音。

（五）再解释（reinterprtation of distinctions）：母语有，目标语也有，但特征存在差异。如汉语声母/r/，发音时不圆唇，除非后接圆唇元音/u/；英语/r/圆唇，学生常将母语的语音特征带到汉语语音中来。

（六）音位干扰（phonotactic interference）：学习者使目标语中的音节结构遵从母语音节结构特点。汉语音节的声母和韵母的拼合有一定规则，如 d、t 不与前鼻韵母 in 相拼，只与后鼻韵母 ing 拼，如"丁、挺"等字；n、l 一般不与 en 相拼（除"嫩"外），只与 eng 拼，如"能、冷"等字都是后鼻韵；再如"bing"没有上声字，"ping"没有上声和去声字，如此等等（详见第四章第三节）。学生发生偏误很多时候是由于对汉语音节结构特点缺乏了解，而这些特点和规则与英语不同，大部分都不存在，容易引起偏误。

（七）音韵干扰（prosodic interference）：汉语是声调语言，同时也有语调的变化。和英语语调不同,汉语的语调变化体现在个别字音(声调)或一组字音的高低变化上①。英语语调可以随意变化。加拿大学生常常在句末用降调,不管汉字本身的声调是什么。

以上七种是语际迁移,是学习者母语或之前习得的语言对目标语干扰而产成的迁移。表3-5列举了母语为英语的汉语学习者,习得汉语语音所发生的各种迁移,及因迁移所产生的偏误及其出现比例。除了语际迁移,有些迁移成因是目标语内部规则互相干扰形成的迁移,是语内迁移。语内迁移主要表现是过度泛化(over-generalization),就是学习者用自己的理解运用目标语的某些规则。此外还有语用方面的因文化差异而发生的迁移,表现为对目标语的使用不够得体。本节重点讨论语际迁移,语内迁移和文化迁移分别将在第四章和第五章详细论述。

表3-5　　　　　　　　汉语语音习得语际迁移一览

	汉语	英语	偏误列举	偏误比例%
替代	母语=目标语		汉语"在"zai声母,用英文birds中的"ds"替换	24.4
语音加工	一个音位	两个音位	将汉语中的清音塞音声母发成浊音,如ba中的声母。英语中有清浊的对立	15.3
差异不足	两个音位	一个音位	一些/f/、/w/的音用/v/置换	6.5
超差异	有	无	将汉语中的单韵母/元音发得过长	14.8
再解释	有	有	如汉语声母/r/,发音是不圆唇;英语/r/圆唇,学生常将母语的语音特征带到汉语语音中来	9.1
音位干扰	有	有	汉语d、t不与前鼻韵母in相拼,没有din或tin,英语有。将"丁、挺"等字读成前鼻韵	14.3
音韵干扰	声调,语调	语调	将汉语声调像英语语调一样随意变化	15.6

---

① 汉语语调通过各音节声调的变化来体现,声调变的是调值的高低,调型不变。如阴平始终是平调,在不同的语调中,调值可能会发生高低的变化。例如,"他高吗?"跟"你高,你比谁都高。"两句中的"高",都为平调,但调值不同。前者是高平调,表示疑问;后者音高略低,才能表达出嘲讽的语调。

二 语言迁移在不同学习阶段的表现

学习者学习过程中形成的语言体系，建立在目标语输入的基础上，学习者运用一定的学习策略，形成了既不同于母语，又不同于目标语的中介语体系。中介语的产生是因为学习者语言能力不足，它遵循一定的规则，有一定的规律。口音（语音偏误）一般都是显性偏误，即在语言形式上的偏误，而不是在语境中出现的。因此我们对学习者的偏误分析，也多停留在语言形式上，没有扩展到语用的层面。影响语义表达的整体偏误，通常出现在初学阶段；局部偏误，一般不影响语义表达。通过对中介语语音偏误的分析可以了解学习过程和规律。表3-6是一至三年级，6个学期的学生发生各种语音偏误的统计数据。

表3-6　　　　　　不同学习阶段的迁移频率（%）

	第一学期	第二学期	第三学期	第四学期	第五学期	第六学期
替代	3.04	3.12	3.04	2.60	2.07	1.22
语音加工	3.05	2.86	2.12	1.71	1.24	1.31
差异不足	1.13	1.05	0.95	0.81	0.32	
超差异	2.50	2.34	1.67	1.02		0.91
再解释	1.21	1.32	1.28	0.46	0.31	
音位干扰	2.60	1.79	1.35	1.05	0.82	0.97
音韵干扰	4.12	3.39	3.26	2.13	2.02	2.28
累计	17.65	15.87	13.67	9.78	6.78	6.69

很多初学者因为缺乏语言的训练，对语言语素之间的差别认识不足，只关注交际技巧或语法等方面，而忽略了语音，语音偏误发生频率较高。教学中对不同类型的偏误，如前系统偏误，系统偏误，后系统偏误等要做不同的对待和处理；对偏误的细致分析可以使教学中避

免偏误，也可以借此了解习得者对目标语的掌握情况及所处的学习阶段，以便更有效地使用教材。

中介语偏误具有反复性，向目标语靠拢的进程呈螺旋式上升而非直线上升，有些偏误顽固，反复出现，形成二语习得中的"化石化"，而使习得停滞不前。语音习得尤其突出。乔姆斯基（Chomsky）认为，语言习得的"内在装置"，主要在孩童早年的语言学习时期发生作用①。这个"内在装置"尽管在成人乃至整个人生都可存在，但成年期以后相对较弱②。成年人学习语言出现的"化石化"现象，与此有一定的关系。有些语音项，如汉语声调，在初学阶段出现的偏误，在中级和高级同样出现。

三 语言迁移的个体差异

中介语是独立的，有一定的稳定性，有共同的特征，总体来讲，它历经简单——复杂——简单这样的过程，因而它也是移动的，学习者的中介语最终总是逐渐向目标语靠拢。

在我们的研究中，优秀学生和普通学生，背景相似，学习时间相同，中介语语音却表现出明显的差异。表3-7按各类语音迁移，对两组学生出现的偏误进行了统计。

表3-7　　优秀组和普通组的中介语语音差异（偏误比例%）

	替代	语音加工	差异不足	超差异	再解释	音位干扰	音韵干扰
优秀组	5.3	4.6	3.4	6.3	4.3	4.5	6.8
普通组	12.6	7.4	4.5	11.8	6.4	7.3	10.2

---

① Chomsky（1975）提出的普遍语法对此可以进行解释。
② Birdsong（1992）；Schwartsz（1992）；Kellerman（1995）；Schachter（1996）.

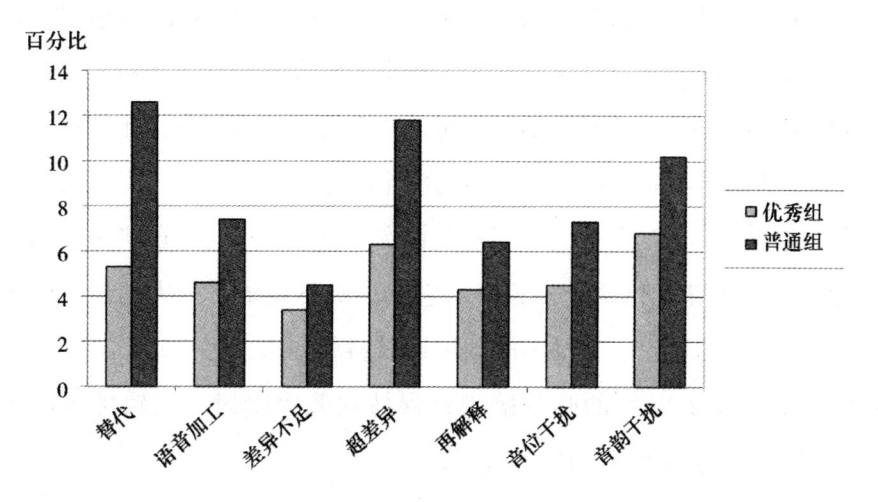

第三章 年龄、学习策略、母语迁移与汉语语音习得

图 3-2 优秀组和普通组的、各类中介语偏误出现比例

　　造成这些差异的原因，本章第二节分析了学习策略这一因素。调查发现，优异的学习者善于寻找和发现语言规律，了解英语和汉语语音的特点，能够注意到细微的差异和相似。语音的相似尽管有些时候较难判断，但大部分时候是明显的，无须争辩的，一定程度上讲比词汇、语法等的相似更容易判断和界定。弗列日的研究得出，相似的音较难习得，因为学习者的把它们感知成为母语中的那个相似音，而"新"的不相似或完全不同的音，却相对来说比较容易习得，因为它们和母语有着明显的不同[1]。梅杰（Major）的研究发现，当学习者的发音越来越纯正时，与他们母语不近似的音会得到明显的改善[2]。

　　其次，过了语言习得关键期的学习者能否习得标准语音，跟他们对目标语语音及语音系统的感知有很大关系。对绝大多数较晚（迟

---

[1] Flege（1992，1995）.
[2] Major（1987b）.

于关键期）开始习得的学习者来说，他们对目标语语音的意识与说母语者是不同的。一些对母语为各种不同语言的二语言学习者的研究都证实，大多成年学习者都存在对某些语音的辨识问题。比如绝大多数日本英语学习者不能分辨英语的两个辅音［r］和［l］，对母语是日语的英语学习者来说，这两个辅音没有分别。这跟母语为英语的儿童作为 L1 初学这两个辅音，对它们的听辨结果有很大的出入。研究者对不同的对象，使用不同的测试材料和方法，都得到了同样的结果[1]。优秀组的学生的听辨能力仍保持在儿童阶段，或较敏锐的水平，这对成功的语音习得至关重要。

最后，汉语语音学习中存在一些误区，导致学习者出现语音偏误而带有口音。这些误区包括：学习者母语的语音系统是第一位的，不需要有意识地学习或考虑。二语语音也和母语一样可以自然习得，不需要刻意学习，所以常常意识不到与 L2 语音之间的差别[2]。对绝大多数较晚（迟于关键期）习得的学习者来说，他们对目标语语音及语音系统的意识和感知与母语者是不同的。例如，对英语学习者来说，拼音看似相识，字母都是他们熟悉的。虽然拼音的声母和韵母都和英语有一些对应关系，但相同的字母发音未必相同[3]。学生需要接受正规的语音训练，聆听老师课堂的标准示范。语音训练是汉语教学不可或缺，也应备受重视的环节。模仿正确的发音并非易事，就算区别语音的差别也不如想象的那么容易。汉语的辅音和元音与英语有着相当大的差别（详见第四章第二节），对于汉语作为第二语言的学习

---

[1] Miyawaki et al.（1975）；MacKain et al.（1981）；Yamada（1995）.
[2] 语音感知理论的集中代表 Kuhl（Kuhl & Iverson, 1995）的母语磁性理论表明，婴儿在出生后很短的时间里就能对声音/声音参数有很好的辨别。
[3] 拼音声母/字母"c"，和英语对应的音是"ts"如"cats"，而非英语字母"c"；拼音韵母"ou"，和英语对应的音是"o"如"hope"，而非"ou"或"ow"。

者来说，没有像母语一样的学习环境，跟自然习得是有所不同的，掌握规则很重要。一定的专门训练是必要的。

另一个误区是，"对大多数学习者来说，纯正的口音不需要，别人也不期待。目的是要在大多数场合，和大多数人产生最容易的，能让人理解的发音"①。

语音教学目标可分两个阶段：可懂和纯正。前者是初级阶段的学习目标，大部分学习者都可以达到，也是汉语语音教学的首要目标②。后者是学习者的终极目标，也并非遥不可及。

尽管学生学习目标不尽相同③，但学习汉语的学生，大都希望自己语音标准。据调查，79%的学生希望自己能说一口标准流利的汉语，通过学习使语音达到完美的程度④。调查还发现，学生普遍认为如果没有口音，他们会更受尊重，表达会更自信。口音在某种意义上讲是区分社会种族和阶层的明显标志⑤，学习者的口音的习得过程也可以说是对自己社会身份的建塑过程。

汉语难学人所皆知，而汉语语音更是难上加难。笔者在加拿大多年的教学中，不乏为了挑战困难而走进汉语课堂的学生，他们认为没有什么比汉语更难的，能学好汉语，别的学科也都不在话下，这能证明他们的学习能力，给他们大学阶段的学习甚至更遥远一点的未来平

---

① Hewings（2006：13）.
② 大部分汉语语音学习难点都不影响可懂度，对可懂度影响最大的是声调。
③ 他们或是想到中国旅行、生活，或是工作、做生意，也有人领养了中国孩子而开始学习中文，还有一些甚至想找中国人做女朋友或男朋友建立家庭，如此等等。
④ Timmis（2002）的研究与本文对西安大略大学学生的调查得出相同的结论：他们对400个来自14个不同国家学习英语的学生进行过调查，发现67%的学生希望自己的英语语音能达到完美的程度。
⑤ Labov（1972）；Scherer 和 Giles（1979）等都持这样的观点。

添几分自信——学好汉语的意义似乎已经超出了汉语运用本身①。初学者知难而进的勇气可嘉,当然他们中间不是每个人都能实现自己预期的目标,获得成功。

从本书第六章对成功的汉语语音习得个案进行的考察和分析中,发现成功的学习者大多对汉语有浓厚的兴趣,都特别注重语音的学习。能把汉语说得"溜",使他们说汉语的信心大增,兴趣更加浓厚。这种良性循环,促成了理想的学习效果。学习者必须从一开始就接受语音训练,除了阅读理解、语法、写作外,语音和语言的其他技能也应得到同等的重视,同步进行,而不是作为补充,或单独的技能技巧独立进行。他们大多用汉语交际,组织语句并清晰地表达出来。标准语音不但必要,而且可能。了解成功学习者的共同特点,通过有效的课堂教学等手段,是可以帮助学生达成汉语语音习得的终极目标的。

四 中介语语音在自然语料和测试语料中的体现

本节对自然语料(自然交际)和非自然语料(语言测试)中的迁移造成的语音偏误进行了对比,见表3-8。口语交际时,说话者往往只注意表达语义,而使发音出现偏误。因为交际过程,重要的是传递信息,而不是发音正确。当说话者不确定用词/词语的选择的时候,为了找到一个合适的表达,很容易将母语的发音或规则带入到汉语,出现迁移。另外,很多初学者,因为缺乏语言的训练,对语言语素之间差别认识不足,只关注交际技巧或语法是否正确,而忽略了语音,导致偏误发生。

---

① 套用国内曾几何时奉行的"学好数理化,走遍天下都不怕",这些学生的信条,就是"学好汉语,走向国际"。

表3-8　　　　不同语体的中介语语音差异（偏误比例%）

	替代	语音加工	差异不足	超差异	再解释	音位干扰	音韵干扰
书面语	7.6	6.8	5.4	7.5	6.6	5.6	7.5
口头谈话	9.8	7.4	7.5	9.4	7.8	7.5	10.1

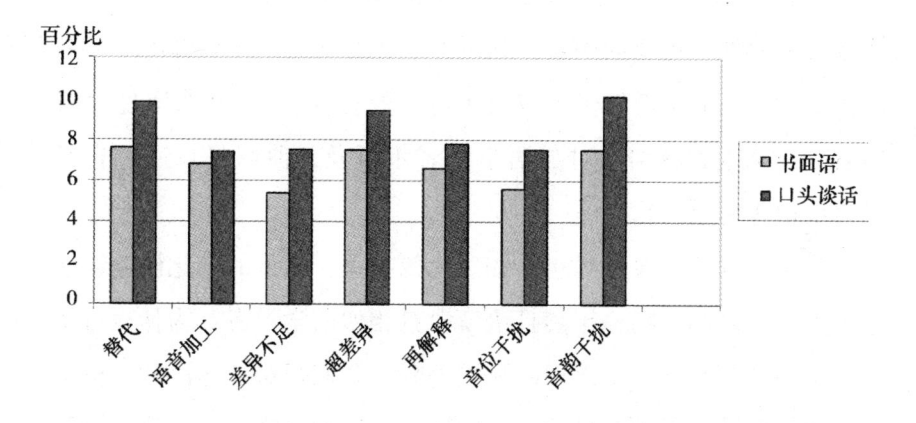

图3-3　书面语和口头谈话各类中介语偏误出现比例

五　小结

过了语言习得关键期的学习者，一个共同点特点是，无论是语音片段或是整个句子，他们都会有口音。人们能够很容易地辨别出哪些人是较晚习得L2，或学习者的母语是什么。中介语语音偏误不可避免，它是获得目标语的途径。对学习者中介语语音的分析，还可以验证各种语言假设的合理性。然而，产生偏误的原因错综复杂，在分析解释具体偏误及对其归类时，有时未必有一个明确的或最好的答案，因为偏误既有共性的，也有个性的。对比分析和偏误分析，都要归到中介语系统中进行，不然脱离实际对教学毫无裨益。

中介语语音除了语际干扰，跟学习者的L1和L2有关之外，还受语内干扰（目标语规则泛化，比较常见的是多音字的发音例如"会计""提防"等)、教学误导、文化干扰等其他因素的影响。

普遍语法也与迁移密切相关,属于非迁移因素。受普遍语法的制约,不同语言背景的学生会犯同样的错误。普遍语法的可及性与母语迁移有直接的关系。惠特(White)认为普遍语法在一定程度上是可及的。如果 UG 不可及,那么学习者的母语迁移可能是影响 SLA 二语语音习得的唯一重要的因素;如果 UG 是可及的,那么母语迁移有可能发生,也可能不会发生,取决于可及的程度①。贝利弗罗曼(Bley-Vroman)认为普遍语法对二语学习者不可及,他们只是通过自己的母语认识普遍语法②。

几乎所有的迁移都与年龄和经验等有关,大量的量化研究证实了这一点。然而对于同一年龄且语言背景相似的学习者,为什么母语迁移的影响在语音习得中出现明显的差异,我们很难从母语和目标语之间的相似程度上得到解答。这一问题值得我们研究,本书第六章第二节将对成功的汉语语音习得者进行细致的考察,从中发现他们成功的经验,以及他们之间语言经验的差异对汉语语音习得所产生的影响。

---

① White (1989, 2003a).
② Bley-Vroman (1989, 1990).

第四章

汉语语音习得难点及各学习阶段特点

上一章讲到，成年人学习外语，常将他们母语或已经习得的其他语言转移到目标语语言系统中，因迁移而产生口音。语言之间的相似及差异程度，跟语言习得的难易程度有很大关系。林布姆（Ringbom）提出，语言之间的关系可分为三种："相似"（similarity）、"对立"（contrast）和"零对应关系"（zerorelations）。"相似"是语言形式、功能或意义的相似，"对立"指两种语言中都存在，但在某些方面对立的语言现象，"零对应关系"表示两种语言中没有对应的语言现象。语际共性与差异处于一个相似度由强到弱的连续体上。[①] 从本章对汉英两种语音系统进行静态比较，对比差异，着重比较两者的相似性，并做定量分析和定性描述，推测习得难点，发现容易迁移的语言项。第三节动态考察学习者汉语中介语语音和常见偏误，总结各阶段习得特点及汉语语音习得规律。

---

① Ringbom (2007).

§ 多元文化语境中的汉语语音习得 §

第一节　汉英语音相似程度

语言迁移与年龄和经验等有关，这似乎已是一个不争的事实，大量的量化研究也已证实了这一点。然而对于同一年龄、相同经验的学习者，哪些语言项容易习得，哪些较难习得？母语和目标语之间的相似程度与此有何相关？

语言之间虽然在语音、词汇和语法上存在一定差异，但仍有相似之处。语音相似性相比起词汇、语法等而言，更容易判断和界定。从社会语言学角度来看，语言之间存在音义上的同源关系[①]。以英汉两种语言为例，汉语的"妈"（ma）与英语的"mom"或"mother"发音近似，汉语的"簿"（bu）与英语的"book"近似；又如"射"（she）与"shot"，"屎"（shi）与"shit"发音相似，等等。有同源关系的语言之间的语音变化通常有规律可循。例如，粤语和普通话的同源词中，粤语舌根音 g 和普通话舌面音 j 有规则的对应关系，粤音声母 g 在普通话中约 80% 读为 j。[②] 例如，粤语中的"假、奇、见、江"等词，普通话中声母都是 j。又如，粤语中"夫、枯、府、姑、苦、虎、妇、富、库、付、姑、污、胡、护"等 90 多个字音含 [u] 韵，普通话中这些字也读 [u] 韵，粤音 [u] 韵与普通话 [u] 韵的对应十分规则。

语音对应规律是论证同源的基础。如果语言符号之间出现有规律

[①] 王力（1982）认为，"凡音义皆近，音近义同，或义近音同的字，叫作同源字。这些字都有同一来源"。孟蓬生（1994）对同源词的界定是，"由同一语源派生，因而在音义两方面都互相关联的词称为同源词"。陆宗达、王宁（1984）认为"由同一词根派生出来的词叫同源词"。

[②] 施仲谋（2001）。之所以会有这类对应关系，是因为 g、k 这组粤音接近中古音，转变成北京音时有一个明显的规律，即舌前化，舌根音变为舌面音。

的语音对应关系，那么就可以肯定这两种语言有同源关系[①]。因而我们尝试通过归纳汉英两种语音系统的对应关系，分析它们的相似性。母语和目标语之间的语音对应规律是研究相似程度的基础。

一 相关研究

英语与汉语语音对比，讨论差异的多，讨论共性的少；描述、列举的多，以统计数据归纳的少。相似性的研究可以在语音、词汇、语法的层面上进行。汉英两种语言之间在词汇语法等方面差异显著，而语音对应关系是明显而有规律的，两种语言语音的相似性研究是可行的，对语音习得与教学有实际的帮助。本节描绘汉英语音对应规律，统计计算两者的相似度，并非要否定两者的突出差异，而是借此帮助学生在初学阶段较快掌握汉语音位，我们相信相似性的研究对汉语语音习得大有裨益。

任何一对语言间的关系都可以用一个系数来表示，这个关系系数反映两种语言系统之间的相关程度。[②] 语言现象具有数量大、随机性高等特征，语言学研究引进统计学方法是必要的，也是可能的。统计方法通过数量关系揭示语言系统之间的关系，发现大量随机现象的规律性。20世纪50年代以来，统计方法开始用于研究语言或方言之间的相互关系。50年代初美国语言学家斯瓦德什（Swadesh）创立了研究亲属语言分化年代的语言年代学，[③] 70年代开始，华人学者王士元、游汝杰、郑锦全等人用统计方法对汉语方言相关程度、方言沟通

[①] 游汝杰（2004）："同源词是两个或多个方言中，因词源来历关系或语言接触关系形成的音译相同或相近的语素"，他将"词根"用"语素"替换，原因是单音节为汉语的重要特点，古汉语和方言尤其如此，不像印欧语词根是构词的基础。

[②] 王士元（2003）。

[③] Swadesh（1950）；Herdan（1964）。

度进行了计量研究。这些研究主要集中在词汇的比较，对方言之间的互懂度研究有一定的价值。例如，郑锦全通过电脑计算汉语主要方言（17 种）两两之间在词汇、声、韵、调上的相关度，建立方言间语言成分对当的类型，再根据不同类型的重要性决定不同的权重，然后进行加权统计。根据他的计算结果北京话对广州话的可懂度为 0.475。又如，南京话阴平的调值近于普通话的去声，去声的调值却接近普通话的阴平的调值，虽然听起来差别很大，但南京话跟普通话因为大多数词汇相同，相互间还是容易听懂的。而"小菜"这个词，浙南吴语叫"配"，粤语叫"餸"，因为用词完全不同，相互间的可懂度几乎等于零。邹嘉彦、冯良珍题为"汉语（无地）与日语新概念词语对比研究"，以"车"类词为着眼点考察中日双方词汇的异同和可懂度。语音方面的研究主要有郑锦全对 17 种汉语方言间的可懂度进行的计量研究。[①]

二 研究方法

汉英语音相似度，是对两种语言语音结构关系的研究与计算，测量两种语言语音共有的特征，并将它量化，从而得出语音构成要素的韵母之间，声母及声调之间的相似度。本节采用这一方法，讨论英汉两种语音系统的相似性。相似度的高低，取决于两种语言相互间构成要素中相同项总量的多少。没有相同项，我们就说它们没有关系，相似度最低；共有量越多，我们就说它们相似程度越高，反之就越低。语言系统之间应该只有完全不相关和正相关两种关系，不存在负相关

[①] 王士元、沈钟伟（1992）；郑锦全（1988，1994）；游汝杰、杨蓓（1998）；邹嘉彦、冯良珍（2000）；陈海伦（2000）。

关系。因此其相关系数的值应在 0~1 之间，不会出现负值。①

我们用汉英两种语音系统的共有量之和与所有相似量之和的比值，来衡量相似程度，简洁可观。相关系数是由两个因素之间的异同及听感上有无相识点决定，完全相同的，相关系数为 1；不同的则通过对应类型给出它们的相关系数；听感上完全不相同的，其相关系数则为 0。换言之，只有在听感上相同或相似的两个音，才有正值的相关系数。②

获得汉英语音结构相似性的相关系数，我们首先设定各类语音对应类型的权重值，确定语音对应类型在两种语音系统中的轻重分量。步骤大致是：把所有声母、介音、韵腹、韵尾、声调在英语中形成的全部对应类型列出来，然后分别把每个语音成分的各对应类型包含的字数求和之后按类型进行平均，再根据对应类型中对应语音的相同与否及在对方音系中出现与否决定权指的大小，最后将各类型字数乘各类型权指的积求和得到总值。

---

① 陈海伦（2000）撰文就语音相似度量化问题做了讨论，他认为非连续性的语音特征，可以作为判断语音相似度的一个基本计量单位。

② 王士元、沈钟伟曾提出，采用分类学中普遍使用的 Jaccard 的相关系数计算法才更为合理（王士元、沈钟伟，1992）。Jaccard 计算法实际就是计算共有量与对比总量的比值，其计算结果数值范围在 0~1 之间。皮尔逊相关系数套用到语言关系的研究中，是另一思路，是否合适值得考虑。皮尔逊相关系数考察两个事物（或变量）之间的关联程度，也就是说，当某一个变量发生变化时，另一个变量会产生什么变化，一般用 r 表示。如果变量 A 的值越大，另一个变量 B 的值也越大，表明两个变量呈正相关，$r>0$；反之，若变量 A 的值越大而另一个变量 B 的值越小，表明两个变量是负相关，$r<0$；r 的绝对值越大表明相关性越强。若 $r=0$，表明两个变量间不是线性相关，但有可能是其他方式的相关（比如曲线方式）。故 r 测定的是两个变量间线性相关强弱的程度，它的取值在 -1~$+1$ 之间。皮尔逊相关系数是用以计算变量的先行相关的密切程度的，其计算结果可在 -1~$+1$ 之间，可能出现负值。如果用皮尔逊相关系数为语言相关程度的测量指标，就意味着语言之间可能会出现负相关的情况，这不符合语言实际。再者，皮尔逊相关系数的正负值分别反映的是相关的方向或性质，其绝对值的大小才显示相关程度的高低。这样，如果同为负值，绝对值大我们就说它相关程度高，绝对值小我们就说它相关程度低，而事实上绝对值越大，差异量越多共有量越少。因而把皮尔逊相关系数当作测量语言系统相关程度的指标，未必是一个最好的选择。

❀ 多元文化语境中的汉语语音习得 ❀

　　语音对应规律有的比较具体，比较容易确定；有的却相对模糊，比较复杂。汉英语音相似度，我们通过比较声母（与辅音）、韵母（与元音）和声调的发音特性来计算。如果这些成分完全相同，那么，相似度就最高。如果不同，差异性的度量就要依靠发音和感知的距离。语言之间的音韵感知距离是一项重要的考虑因素，语法和词汇当然也影响沟通，但音韵的差别才是汉英语音研究的重点。我们以音韵为出发点，将汉英语音各音素对应关系列为四种类型：

　　1. 在两种语言中都出现。
　　2. 英语中出现而在汉语中不出现。
　　3. 汉语中出现而在英语不出现。
　　4. 在两种语言中都不出现。

　　以上四种类型用数值相关和不相关的两个端点"1"和"0"排列，会有四种可能：11、01、10、00，可以称之为"双有""无有""有无"和"双无"①。我们把这四种可能写成 a、b、c 和 d，并用 n 来表示所有可能性的总和，即 $n = a + b + c + d$。两种语言间的相似关系主要是在"双有"上体现出来的；"有无"和"无有"都表示一对语言间的差异，但在差异的方向上有所不同；"双无"则表示没有相关关系②。计算汉语对英语的相似度，我们以音素为单位建立对应关系考察各种对应情况，将汉语中所有的音素包括声母、韵母和声调与英语的对应关系加以统计。

　　两种语言都相同的音素，相似度最高。对应相异又有两种情况，出现于汉语中和不出现于汉语中，它们对相似程度和汉语语音习得的

---

① 这是分类学中两分特征（出现或不出现）的基本编码方式。
② "双有"和"双无"是语言间关系的两个端点，分别用两个编码"1"和"0"表示。不要理解为"双有"是正相关，"双无"是负相关关系。从语言发展的角度来讲，"双无"不能证明方言间的任何关系。

干扰情况是不同的。当所比较的音素在两种语言中不同,英语的音素出现于汉语时,那么是比较容易引起混淆的[①]。当两种语言不同的音素,不出现于汉语中时,这种情况可能引起的混淆相对较低,相似度较前者为高。我们权衡轻重的数值以相同为最高,其次是相似(有干扰性的),最低的是不同。数值的高低排列如下:相同 > 相异不会引起混淆 > 相异并会引起混淆。

分类	权重值
a. 和汉语相同	1.00
b. 和汉语相异,不出现于汉语中	0.50
c. 和汉语相异,出现于汉语中	0.25
d. 汉英两种语音都不出现的音素	0.00

三 汉英语音对应规律

(一) 和汉语相同

1. 相同的辅音:m、l、n、ng、f、c

鼻音和边音 m、n、ng、l,在汉语和英语中都为独立的音素(如表4-1)。唯一不同的是在音节中的位置:汉语中边音 l 和鼻音 m 只能出现在字头,不能出现在字尾;ng 只出现在字尾;只有 n 可以出现在字头或字尾。例如:

"米"mi,可以和英语单词 me 做对比,引导学生产生正迁移;

"来"lɑi,"那"nei,都可以从英文音节中找到相似的音"lie"与"nate"等,帮助学生记忆和掌握;

m 同英语中的"m"如"mop";

[①] 这种对应类型所占比例较大,大量字音的规则对应可帮助学习者加深印象,提高学习效果。

n 同英语中的"n",如"nap";

l 同英语中的"l",如"laugh"①;

-ng 同英语中的"sing"中的音节末尾的辅音②;

f 同英语中的"f",如"far";

c 同英语中的"ts",如"bats",汉语声母 c 只出现在音节开头。

表 4-1　　　　　　　　汉英辅音发音方法对照

	塞音	塞擦音	擦音	边音	鼻音
汉语	b（bai）	j（jia）	f（fa）	l（lei）	m（ma）
	d（dai）	zh（zhe）	h（ha）		n（na）
	g（gei）	z（ze）	s（sa）		-ng（xing）
	p（pei）	q（qian）	x（xia）		
	t（tai）	ch（cha）	sh（sha）		
	k（kai）	c（ce）	r（re）		
英语	b（bat）	tʃ（church）	f（fat）	l（let）	m（mat）
	d（dad）	dʒ（judge）	h（hat）	r（rate）	n（net）
	g（get）		s（sat）	w（win）	ŋ（sing）
	p（pet）		θ（thin）	y（yet）	
	t（tack）		ʃ（fish）		
	k（kite）		ð（that）		
			ʒ（azure）		
			z（zap）		
			v（vat）		

---

① "n"和"l"在很多南方方言中是混淆的,通常将鼻音 n 读成边音 l,如湖北、湖南、四川、广东等地。和方言区的学习者不同,区分这两个音对英语为母语的学习者是没有难度的,因为英语的这两个音和汉语几乎相同。

② 以"eng"为例。在这个韵中,"e"就像英语单词 banana 中的最后的一个"a"。韵尾"ng"发音时舌根抬起,和英语单词"ring"中的"ng"相似。汉语韵母 -ang、-ing 和 -ong 等后鼻韵母,韵尾都和 -eng 相似。

第四章 汉语语音习得难点及各学习阶段特点

从表4-2中对汉英语音发音部位的比较，我们可以看到，汉语声母和英语辅音的对应比较规则，它们的共同特征是：汉英都有双唇、唇齿、舌尖中、舌尖后、舌根等五种发音部位。表中我们还看到：

（1）汉语声母舌尖前音z、c、s和舌面音j、q、x，英语都没有；
（2）英语和汉语的辅音h很相似，但英语是喉音。

表4-2　　　　　　　　汉英辅音发音部位对照

		双唇音	唇齿音	齿音	舌尖前音	舌尖中音/齿龈音	舌尖后音/腭音	舌面前音	舌根音/软腭音	喉音
汉语		p	f		s	t	ch	q	k	
		b			c	d	zh	j	g	
		m			z	n	sh	x	h	
						l	r		-ng	
英语		p (pat)	f (fat)	θ (thin)		t (tack)	ʃ (fish)		k (cat)	
		b (bat)	v (vat)	ð (that)		d (dig)	ʒ (azure)		g (get)	
		m (mat)				s (sat)	tʃ (chin)			h (hat)
		w (win)				z (zap)	dʒ (judge)			
						n (net)	ŋ (sing)			
						l (let)	r (rate)			
							y (yet)			

将表4-1和表4-2综合起来看，汉语声母在英语辅音中都能找到一定的对应，或是发音部位相同，或是发音方法相同，或是发音部位和发音方法都相同。英语中有三个音在汉语声母中没有相对应的，它们是[θ][ð]和[v]，差异主要表现在发音部位上。

2. 相同的元音：a、o、ei、ou

汉语拼音中有四个韵母，几乎和英语中的元音完全相同：

（1）a类似英语中的"ah"，如"Ah-hah!"；

(2) o 类似英语中的 "or", 如 "horse" 中的元音;

(3) ei 同英语中的 "ei", 如 "weigh";

(4) ou 同英语中的 "o", 如 "dose"。

表 4-3　　　　　　　　　汉英元音舌位对比 (1)

	舌面前	舌面中	舌面后
汉语	i		u
	e	ə	ɤ
	ɛ		o
	æ/ɑ		
	y		ɑ
英语	I (beet)	ə (bird)	u (boot)
	I (bit)		u (book)
	e (baby)	ʌ (but)	o (bode)
	ɛ (bet)		ɔ (bought)
	a (bar)		ɑ (palm)

表 4-4　　　　　　　　　汉英元音舌位对比 (2)

	高	中	低
汉语	i	e	æ/ɑ
	y	ɛ	ɑ
	u	ə	
		ɤ	
		o	
英语	I (beet)	e (baby)	a (bar)
	I (bit)	ɛ (bet)	ʌ (but)
	u (boot)	o (bode)	ɑ (palm)
	u (book)	ɔ (bought)	
	ə (bird)		

第四章 汉语语音习得难点及各学习阶段特点

（二）和汉语相异

1. 和汉语相异，不出现于汉语中

（1）辅音

表 4-5 不出现于汉语中的英语辅音

	[θ]	[ð]	[v]
例词	thin	that	vat

（2）元音

表 4-6 不出现于汉语中的英语元音

	长元音		短元音			
	[i:]	[u:]	[ə:]	[ɔ:]	[a:]	
例词	bee	root	bird	baught	car	mug

2. 和汉语相异，出现于汉语中（辅音和元音）

（1）汉语声母和英语辅音的对应：

b 类似英语中的"b"如"bar"，但更为清而轻；

p 类似英语中的"p"如"dip"，送气更强；

d 类似英语中的"d"如"dad"，但更为清而轻；

t 类似英语中的"t"如"tax"，送气更强；

g 类似英语中的"g"，如"god"，但更为清而轻；

k 类似英语中的"k"，如"kid"，送气更强；

h 类似英语中的"h"，如"hat"，喉部有轻微的振颤，如发"loch"；

j 类似英语中的"j"，如"joy"，舌位略低；

· 71 ·

q 类似英语中的"ch",如"chinese",舌位略低;

x 类似英语中的"sh",如"shine",舌位略低;

zh 类似英语中的"j",如"jar",舌尖向着上腭;

ch 类似英语中的"ch",如"china",舌尖向着上腭;

sh 类似英语中的"sh",如"shy",舌尖向着上腭;

r 类似英语中的"r",如"red",不圆唇;

z 类似英语中的"ds",如"goods",声带不振动;

s 类似英语中的"s",如"see",舌尖位置略前。

(2) 汉语韵母和英语元音的对应:

(y) i 类似英语中的"ee",如"bee",气流受到一定程度的阻碍;

(w) u 类似英语中的"oo",如"food",气流受到一定程度的阻碍;

e 类似英语中的"ir",如"bird",舌位平置;

(y) e 类似英语中的"yay";

ɑi 类似英语中的"eye",舌位较低;

ɑo 类似英语中的"ou",如"mouth",舌位略高;

ɑn 类似英语中的"an",如"dan",舌位略高;

en 类似英语中的"un",如"understand",舌位略高。

四 汉英语音相似度计算结果

表4-7　　　　　　汉英语音对应类型及所占比重

	值
(1) 和汉语相同:权重为1	
相同的辅音6个:m、l、n、ng、f、c	1×6=6
相同的元音4个:ɑ、o、ei、ou	1×4=4

续表

	值
相同量值	10
(2) ①和汉语相异，不出现于汉语中：权重为 0.5	
辅音 3 个：th [θ]、th [ð]、v [v]	0.5 × 3 = 1.5
元音 6 个：长元音 [i:] [u:] [ə:] [ɔ:] [a:] 及短元音 [ʌ]	0.5 × 6 = 3
(3) ②和汉语相异，出现于汉语中：权重为 0.25	
辅音 16 个（相似）：b、p、d、t、g、k、h、j、q、x、zh、ch、sh、r、z、s	0.25 × 16 = 4
元音（含半元音）（相似）8 个：(y) i、(w) u、e、(y) e、ai、ao、an、en	0.25 × 8 = 2
相似量值	6
元音（不相似）26 个：ü、er、-i（前）、-i（后）、ia、iao、iu、ian、in、iang、ing、iong、ua、uo、uai、ui、uan、un、uang、ueng、üe、üan、ün、ang、eng、ong	0.25 × 26 = 6.5
声调 4 个	0.25 × 4 = 1
总值	27.5
相似度① = 相同量 ÷ 总量	10 ÷ 27.5 = 36.4

第二节　汉英语音差异

一　汉英音节特点

（一）汉语以单音节为主，英语单音节词是少数

常用汉字 2500～3500 个，半数以上的词语是单音节②，一个音节就是一个汉字，一个文字符号，声调是音节发音的关键。

英语单音节词语少，大部分词语都有两个或两个以上数目的音节，音节的重读与轻读是词语发音的关键。

---

① 如果把相似音和相同音计在一起，求得的相似度更高。相似度 =（相同量 + 相似量）÷ 总量（10 + 6）÷ 27.5 = 58.2。
② 国家语言文字工作委员会和国家教育委员会 1988 年公布的《现代汉语常用字表》，共收录常用汉字 3500 个。其中一级常用字 2500 个，二级次常用字 1000 个。

表4-8　　　　　　　　　　汉语音节结构类型

序号	类型	拼音	例字
1	V	a	阿
2	CV	ma	马
3	GV	wa	娃
4	CGV	jia	加
5	VC	an	按
6	VV	ai	爱
7	CVC	lan	兰
8	CVV	lai	来
9	GVC	wan	湾
10	GVV	yao	摇
11	CGVC	quan	拳
12	CGVV	kuai	快

C=辅音　　V=元音　　G=介音

汉语单音节，有不同类型的音节结构，详见表4-8。CV是人类所有语言都具备的，除了CV之外，汉语还有其他类型。和英语不同的是，能够充当汉语音节末尾的辅音非常有限，只有鼻辅音n和ng。

（二）汉字不表音，但有声旁，英语表音

90%以上的汉字有声旁，如"方"为声旁的字，有"芳"fang，"房"fang，"访"fang，"放"fang等。但因为汉语是声调语言，尽管声旁相同，声调不同词义也就不同。汉字声旁虽能给学生一定的语音提示作用，但并不能从根本上解决发音问题。

英语音节表音，辅音和元音的发音规律可以帮助学生拼读出音节。

二　声调与语调

汉语是声调语言，利用元音相对音高的不同来进一步区分字音，

字音的这种高低不同的读法叫作声调。声调区别语义,例如:

"睡觉"和"水饺",声调不同,意思大相径庭。

"我要看书",句末说成降调,就成了"我要砍树",意思相差甚远。

汉语调位有4个,阴平、阳平、上声、去声,它贯穿整个音节的高低起伏、曲直长短的变化,通常以1~5来表示相对音高从低到高的五个等级。发高音时,声带相对紧张,频率高;发低音时,声带相对松弛,频率低。其中上声的音长在四个声调中最长,去声则是最短。

邻近音节相互影响,出现调位变体。最明显的如"上声+上声",两个上声音节相连时,前一个上声变为阳平[35]。上声音节后接非上声音节时,上声音节的调值也有所变化,前一个音节变成[211]。又如去声的调位变体有:[51]→[41][31]等。需要指出的是,语流中声调是不断变化的,调值所标示的音高是相对的,不是绝对的,每个音节的声调都或多或少地受到前后音节声调的影响。例如第一声,可能读成44。第三声,通常不会发成一个完整的降声调而完成214的调值,不在词尾的上声字只读降调,即21这个部分。去声字(调值51)也未必降到最低值1,而读成53,尤其后接去声字的时候,比如"再见"。声调不是静止固定而一成不变的,它随着语流,因讲者的说话风格和内容而不断变化。要习得纯正自然的汉语语音声调,语流音变是难点。要突破难点,需要用心领会,反复练习,多融入汉语的自然语境。

汉语有一些需要遵循的变调规则,学生必须了解,这包括"一""不"和上声连读变调等,详见附录一。

除了四个声调外,还有轻声。轻声是汉语一种特殊的语音现象。

一般轻声字前面都有其他音节，而轻声字在词语中是非重读音节，跟英语音节相比，类似英语中的非重读音节。轻声的调值不固定，随着前面的音节的调值变化，可高可低，发音短促模糊。汉语中发轻声的字，除了一些助词和后缀外，主要是双音词的第二个音节，或三字词的中间一个音节。大多助词和后缀读轻声已约定俗成了，甚至是唯一的读法，而双音词的第二个字往往都是临时变调成为轻声，学习者掌握的方法要么通过记忆，要么通过练习。

除了汉语，还有亚洲泰语及非洲的某些语音如丁卡语都是声调语言，而欧美大多是非声调语言。尽管声调语言占人类语言的半数以上，对于英语为母语的学习者来说，还是比较陌生，难以掌握的。汉语除了有声调之外，也有语调。语流中的声调随着语调而相应地出现或高或低的变化。这给学习者带来很大的难度。

英语有重音，没有声调，但有语调，语调可以随意变化。语调对句子和上下文的意思有影响，但不改变词义。声调却不一样。汉语中不连声调的音节只有400个，可见声调对词义的影响至关重要。

三　声母与辅音

汉语除零声母外，21个声母按发音部位分成7类：双唇音、唇齿音、舌尖前音、舌尖中音、舌尖后音、舌面前音和舌根音。按发音方式分成5类：塞音、擦音、塞擦音、鼻音和边音。按声带是否振动可以分为清音和浊音。清音又有送气不送气之分。见表4-9。

比照表4-9、表4-10，我们可以看到汉语声母区别英语辅音的特点，归纳如下：

1. 汉语浊音声母少，除鼻音［n］和边音［l］外，只有［r］和［m］。

第四章 汉语语音习得难点及各学习阶段特点

2. 没有清浊对立。
3. 有六组送气和不送气音。

此外，汉语没有辅音群。接下来将详细讨论这些区别于英语辅音的特点。

表 4-9　　　　　汉语声母发音部位与发音方法一览表

		双唇音	唇齿音	舌尖前音	舌尖中音	舌尖后音	舌面前音	舌根音
塞音（清）	送气	p			t			k
	不送气	b			d			g
擦音	清		f	s		sh	x	h
	浊					r		
塞擦音（清）	送气			c		ch	q	
	不送气			z		zh	j	
鼻音（浊）		m			n			-ng
边音（浊）					l			
鼻音（浊）		m			n			-ng
边音（浊）					l			

表 4-10　　　　　英语辅音发音部位与发音方法一览表

		双唇音	唇齿音	齿音	齿龈音	腭音	软腭音	喉音
塞音	清	p (pat)			t (tack)		k (cat)	
	浊	b (bat)			d (dig)		g (get)	
擦音	清		f (fat)	θ (thin)	s (sat)	ʃ (fish)		h (hat)
	浊		v (vat)	ð (that)	z (zap)	ʒ (azure)		
塞擦音	清					tʃ (church)		
	浊					dʒ (judge)		
鼻音		m (mat)			n (net)	ŋ (sing)		
浊音					l (let)	r (rate)		
		w (win)				y (yet)		

（一）汉语声母没有清浊对立，英语辅音有

如表4-11所示，汉语辅音没有清浊对立，但有浊音声母，它们是m、n、l、r，发音时声带振动。其他声母p-b、t-d、k-g等都不是清浊对立，它们全都是清辅音，区别只在于声母p、t、k等送气，而b、d、g等不送气。另外y和w发音像元音，但功能和位置像辅音。也被称作半元音。

表4-11　　　　　　　　　　汉语浊音声母

	双唇音	舌尖中音	舌尖后音
擦音（浊）	m（ma 马）		r（ran 冉）
鼻音（浊）		n（na 拿）	
边音（浊）		l（la 拉）	

英语有7组清浊相对的辅音，发音部位相同，一清一浊，分别是不同的音位。它们是：/p/-/b/、/t/-/d/、/k/-/g/、/f/-/v/、/s/-/z/、/ʃ/-/ʒ/、/tʃ/-/dʒ/，如表4-10所示。

表4-12　　　　　　　　　　英语辅音清浊对立

		双唇音	唇齿音	齿音	齿龈音	腭音
塞音	清	p（pat）			t（tack）	
	浊	b（bat）			d（dig）	
擦音	清		f（fat）	θ（thin）	s（sat）	ʃ（fish）
	浊		v（vat）	ð（that）	z（zap）	ʒ（azure）
塞擦音	清					tʃ（church）
	浊					dʒ（judge）

下面我们以/b/和/p/为例，比较汉英两种语音系统的清浊辅音。英语的/b/是浊音辅音，声带振动，例如，bay；/p/是清辅音，送气，

例如 pay，但在 s 后发生音位变体，为不送气音，如 spay。如图 4-1 所示：

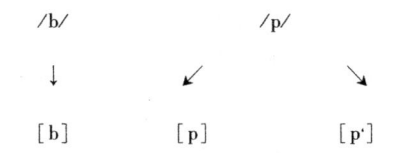

/b/　　　　　　/p/
↓　　　↙　　　↘
[b]　　[p]　　[pʻ]

图 4-1　英语辅音/b/和/p/的清与浊

而在汉语中，/b/和/p/都是清辅音，两者分别在于送气与不送气，如 ban 班和 pan 攀，前者不送气，后者送气。如图 4-2 所示。

/b/　　　　　　/p/
↓　　　　　　　↓
[b]　　　　　　[pʻ]

图 4-2　汉语清辅音/b/和/p/

(二) 汉语有六组送气音和不送气音

汉语辅音送气和不送气音的对立共有六组。英语的送气和不送气音只有在一定条件下才出现，即只出现在 s 后面，例如：pan（送），span（不送）；tan（送），stand（不送）；can（送），scan（不送）。

表 4-13　　　　　汉语六组送气音和不送气音列举

	汉语字例	拼音
[b] [bʻ]	奔跑	benpao
[t] [tʻ]	地铁	ditie
[k] [kʻ]	观看	guankan

续表

	汉语字例	拼音
[ts] [tsʻ]	再次	zaici
[tʂ] [tʂʻ]	真诚	zhencheng
[tɕ] [tɕʻ]	技巧	jiqiao

（三）汉语音节开头没有辅音连缀，英语却常见

汉语单字或音节开头没有辅音连缀，虽然可以有两个辅音字母。例如："zh""ch"" sh"，但这些不是辅音连缀，两个字母分别代表一个音素。如在音节 chang "唱"中，ch 是一个音素，不是辅音连缀。

英语音节或单词开头常出现辅音连缀，可以有两个或三个辅音音素，例如，[pl] play。但辅音连缀的发生需要一定的条件，并非随意的，例如，pl 可以是一个音节的开头，字母顺序不能颠倒，不能以 lp 开头，而且最多可以有三个辅音在音节的开头，条件是第一个字母必须是 s，第二个辅音须是 [t] [p] 或 [k]，如 strange、spring、squeeze。

四 韵母与元音

元音根据音质可以分为三类：

（一）高、中、低

（二）前、中、后

（三）圆唇、展唇

接下来我们围绕这三类特点考察汉语韵母与英语元音的差异。

表 4-14　　　　　　　汉语韵母元音舌位高低

	舌面前		舌面中	舌面后	
	展唇	圆唇		展唇	圆唇
高	i	y			u
半高	e		ə	ɤ	o
半低	ɛ				
低	æ/a			ɑ	

表 4-15　　　　　　　英语元音舌位高低

	舌面前	舌面中	舌面后
高	I（beet）		u（boot）
	I（bit）	ə（bird）	u（book）
中	e（baby）		o（bode）
	ɛ（bet）		ɔ（bought）
低	a（bar）	ʌ（but）	ɑ（palm）

比照表 4-14、表 4-15，我们将汉语韵母区别于英语元音的特点归纳如下：

1. 汉语和英语中都没有高、中的元音。

2. 汉语中有两个元音英语中没有：[y] 如 yu，中后元音 [ɤ]，如 ge。

3. 英语的元音音位比汉语多。

4. 汉语中没有长元音和短元音的对比，英语中有元音长短和松紧的对比。汉语单韵母虽然没有成对的长短元音，但就韵母整体来说，复韵母音时较长，单韵母音时较短。

另外，有些字母汉语和英语相同，但音位不同，学习汉语时容易造成混淆，例如 [a]，英语中它是前元音，汉语中它是前低元音。

· 81 ·

第三节 汉语语音习得难点

本节从对比分析、难度分级、问卷调查、语音测试四个不同的角度探讨汉语语音习得难点。

一 对比分析

第二语言的习得过程中,有些语言项容易习得、先习得,而有些则相对较难、较晚习得甚至"化石化"。汉语语音习得也不例外。我们根据本章前两节对汉英语音差异和相似性的比较,对汉语语音中较难习得的音素进行了预测[①]。

在语音习得上,相似性比语言的其他方面,如词汇、语法等,更容易判断和界定。尽管有些时候较难判断,但大部分时候是明显的,无须争辩的。汉语很多音素都能在英语中找到与其相似或对应的音,其中有些音具有挑战性,是母语为英语者的共同难点。另外英语中没有的,如声调和单韵母 ü,需要反复练习,才能发好语音。

(一) 塞音 b-p、d-t、g-k

这些音汉英两种语言都有,见表 4-9 和表 4-10。然而这几类

---

① 对比分析理论(Lado,1957)认为,通过比较母语(L1)与目标语(L2)结构,在二语习得中遇到的问题是可以预知的;与 L1 相似的语言项容易习得,差别大的难度也较大。Eckman(1977)通过 L1、L2 语法比较中对语言标记的考察,得出这样的结论:L2 中与 L1 不同的部分,标记越强的越难习得,标记弱的不难习得(Markedness Differential Hypothesis,MDH)。Hyltenstam(1987)在 MDH 理论基础上做了进一步的发展:L1 和 L2 中都没有标记的语言项的习得不存在问题;L1 没有标记而 L2 有标记的语言项,有可能发生 L1 向 L2 迁移的情况;L1 和 L2 中都有标记的语言项,有可能被没有标记的语言项所取代。Schmid(1997)通过中介语语音和语素的研究,阐述了自然度与语音习得的关系:L1 自然而 L2 不自然的语音较难习得;L2 自然的语音,不论在 L1 中是否自然,都容易习得。这些理论和观点,只有 Schmid 是基于对语音的习得研究得出的。其他研究也都对二语语音习得研究有着重要的价值和意义。

音，汉语和英语是有一定的差别的。表现在：

首先，b、d、g，在英语中是浊音，发音时声带振动；汉语声母b、d、g是清音，发音时声带不振动。我们以 ba "爸"为例，从声学图谱区分汉语清音和误发成浊音的区别。图4-4我们可以看到发成浊音的 ba "爸"音节开头有明显的声带振动。

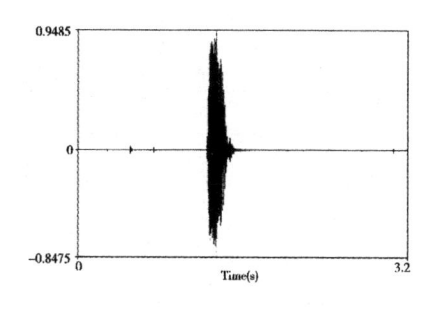

图4-3　清音 ba

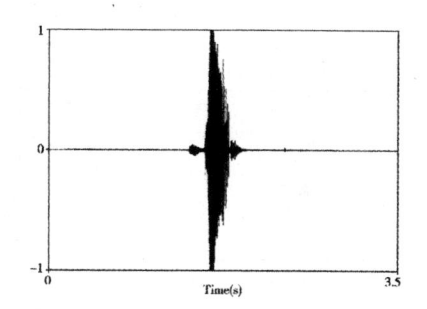

图4-4　浊音 ba

其次，送气和不送气音在汉语中是不同的音素（b、p、d、t、g、k），例如，"爸怕""笛提""狗口"。每一组词语的声调相同，元音（韵母）也相同，不同的只是声母。声母的送气或不送气可以改变词（字）义，所以汉语中的送气和不送气的对立是明显的。需要指出的是，这些塞音在汉语中都在音节的开头。

与之相对的是，英语中的送气与不送气并不是两个不同的音素，而是同一音位的不同变体，在音节的开头为送气，在 s 后为不送气。如果像母语不是英语的学习者把 s 后的不送气音发送气的音，虽然不标准，但不影响或改变词义。

因为不送气的清塞音在汉语音节的开头（拼音为 b、d、g），英语为母语的学习者往往把它们发成浊音塞音。教学中可以提醒学生对照英文中 s 后的 p、t、k，它们是清音，比较接近普通话声母，如"白"

bai 中的声母"b"[b]，和英语单词 speak 中的 p [b] 很接近，汉字"迪"di 中的声母"t"和 steven 中的[t]很接近。

表 4-16　　　　　　　　　中英塞音列举

	汉语字例	英语字例
[b]		about
[d]		adult
[g]		ago
[p]	bei 贝	spend
[t]	di 帝	still
[k]	gai 盖	sky
[b']	pan 盼	pan
[t']	tan 探	tan
[k']	kai 慨	kite
[m]	mao 贸	mouse
[n]	nai 奈	night
[ŋ]	bing 并	being

（二）擦音 h

汉语中的擦音 h，说英语的学习者容易把它跟英语中的喉音 h 混为一谈，两者相似，但发音部位不同。帮助学生找到汉语 h 的发音部位，可以让学生先发 k。重复 k 的音，然后舌根略微降低，让气流从舌根和软腭之间的狭窄的通道流出，就是 h 音。

（三）舌尖前音 z

这个声母和 c、s 有相同的发音部位，发音时舌尖抵住上齿背①。

---

① 有一个要点一定要让学生留意的是：发这一组音的时候，上齿和下齿的距离必须很近。z 只出现在音节的开头，ds 不出现在字头，而是在字尾。例如："再"zai，"菜"cai，"赛"sai 等。

第四章 汉语语音习得难点及各学习阶段特点

英语中的 ds 和汉语声母 z 虽然发音相似，但有差异：ds 声带振动，而汉语 z 是清音，发音时声带不振动。

（四）舌尖后音 zh、ch、sh、r

这一组舌尖后音对说英语的学生普遍有困难。它们和英语的[dʒ] [tʃ] [ʃ] 及 [r] 很相似，只是舌尖的位置略微不同。汉语发音时，舌尖向上，向着上腭，而英语的发音舌尖位置较低[①]。

比较图 4-5、图 4-6，可以分别汉语声母 ch 和英语辅音 [tʃ] 语图的不同。声母 zh 和英语辅音 [dʒ]，声母 sh 和英语辅音 [ʃ] 的差别相类似，图略。

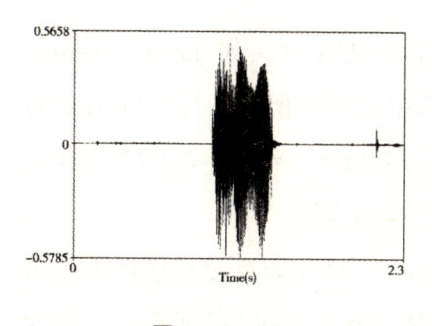

图 4-5 chi 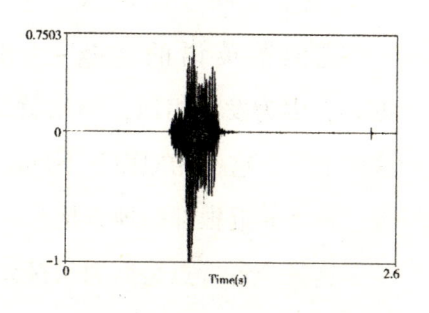　　　　　　　　　图 4-6 [tʃi]

声母 r 的发音和英语辅音 r 很相似，但有一定的区别。英语辅音 r 是龈后音，发音部位在龈脊的后面，发音时圆唇，如 read、run；汉语声母 r 是舌尖后音，人们习惯称之为"翘舌音"，发音时不圆唇，如"让"rang、"热"re。有一点需要提醒学生的是，汉语 r 一般不圆唇，但如果后接元音 [u]，r 应该圆唇，如音节"人"ru。r 在不圆唇和圆唇的情况下，音节 rang 的发音，见图 4-7、图 4-8。

[①] 很多汉语方言区的人也常常以舌尖前音代替，但这并非加拿大学生的习得难点，在此不作细述。

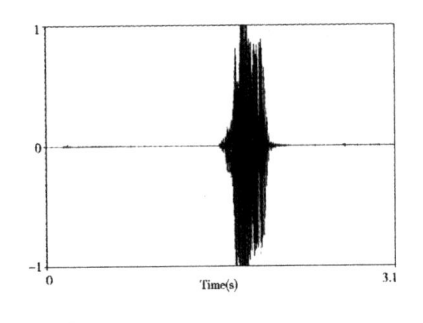

图 4-7 rang-不圆唇

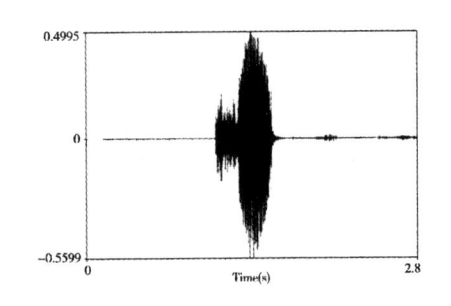

图 4-8 rang-圆唇

另外，舌尖后音全都出现在字头，英语相对应的音如 [dʒ]、[tʃ]、[ʃ] 可以出现在音节的开头，也可以出现在字尾①。

（五）舌面音 j、q、x

它们跟英语的 [dʒ]、[tʃ]、[ʃ] 很接近，如 juice、choose、shoes，因为发音相似，学生就以母语中这些相似的音代替汉语中的这三个音。这些相似而又不同的音，需要给学生纠正。汉语中的这组音，舌面靠近根部的地方抬起，位置接近上腭。

这三个音特点是后面只接元音 i 或 ü。学生要反复跟录音听读操练，或让老师指导，不断调整直至能够准确发出这三个舌面音。帮助学生发 x，可以从英语与之相似的 [ʃ] 开始，先发 [ʃ]，如 she。需要注意的是，英语的 she 有一定程度的圆唇。学生先发 [ʃ]，然后慢慢展唇，再加元音 [i]，就可以发出汉语的 xi "西" 这个音了。需要提醒学生注意的是，当 j、q、x 后接 ü 的时候，即 ju、qu、xu 三个音需要圆唇，因为元音 yu 是圆唇的。

（六）汉语韵母音位变体

汉语只有五个元音音位，不同的韵母都是这五个音位的变体。例

---

① 舌尖后音是声母习得难点。学生在学习中遇到困难时，可以利用中英这两个音的相似性，让学生先发英语的 [ʃ]，舌位保持不动，然后舌尖上移，直到发出 sh 这个音。

如，汉语拼音中的字母 a，在不同的韵母中，有不同的变体。在复韵母 ia 和 ai，及鼻韵母 an 和 ang 中，a 的高低前后都不相同。又如，汉语中的字母 e，在复韵母 ei 和 ie 中发音略有不同，但不区别意义；同样，字母 o，在复韵母 ou 和 uo 中也略有不同，但不区别意义。

音位有辨义作用，它们之间的对立关系能够区别特征的异同，不同音位至少有一项对立特征。如声母/P/与/P'/之间，有一项对立，即送气不送气；/p/与/ts'/之间有三项对立，唇音、送气、塞音。

学生会觉得发元音时的舌头的位置比发辅音更难把握，因为元音舌位没有辅音那么精确。汉语韵母因舌位的变化而产生的对立，举例来说：/a/与/i/有一项对立，即舌位的高低；/a/与/u/之间有三项对立，那就是高低、前后及唇的圆展。

1. 单韵母 a

汉语只有一个低元音，就是 a，它的位置可以在韵尾，如 ya；和 i 组合成复韵母如 ai，ao；或组合成鼻韵母 an，ang。单韵母 a，发音就像英语中 father 的元音"a"，或是"ah"中的元音。而在复韵母和鼻韵母中，发音则有所不同。这些变化学生可能会混淆，第一是因为汉语拼音中的字母 a，在不同的韵母中，有不同的变体，另外英语中它可以是前元音，汉语中它是前低元音。汉语中/a/的音位变体有四种。

[ɛ]：在高元音 i 或 ü 后，后接前鼻韵尾 [n] 时，舌尖位置相对较高，接近 [ɛ]，这个音与英语中 bed 的元音相似。如 quan "圈"，yan "言" 等；

[a]：在 [u] 或 [ŋ] 前，如 bao "宝"，bang "棒" 等；

[ʌ]：跟在辅音后或者单独使用；

[a]：其他时候，如 ai、an 等。

2. 单韵母 e

拼音中，[ə] [ɛ] [ɣ] 和 [e] 都由字母 e 代表，在韵母 ui、iu、un 中，字母 e 被省略，在复韵母 ei 和 ie 中有发音略有不同，但不区别意义。中位元音 /e/ 有较复杂的音位变体，而几个不同的变体在书写时合并成一个，给学习者带来一定困难，在介绍这些音的时候应结合拼音，举例操练。/e/ 的同一音位有 4 种变体。

[e] 后接元音 i 而合成前响复韵母，如 ei、ui（uei）；

[ɛ]：音节末尾，出现在 [i] [y] 之前，如 ie、üe；

[ə] 后接辅音，如 en、un（uen）、eng、ing [jəŋ]、ueng、er；

[ɣ] e 在辅音后或单独使用，如 ge、le 等。

3. 单韵母 o

o 只能和声母 b、p、m、f 拼合。虽然是单韵母音节，韵母"o"在音节中的发音和韵母本身不同，在声母和"o"之间，有一个短暂的过渡音"u"，就像英语中的"war"。

单独一个元音 o，发音时圆唇，整个过程保持唇形不动，没有"u"的音。跟其他音素组成复韵母或鼻韵母时，会有变化。如后接元音 [u] 构成复韵母，像 ou、iu（iou），发音近似英语中的"oh"。在鼻韵母 ong 中，o 的发音介于英语的"oh"和"oo"之间，国际音标标注为：[uŋ]-ong；[yŋ]-iong。

4. 单韵母 i、u、ü

三个高元音 i、u、ü，韵腹在它们之后的低元音的位置上。这三个高元音区分词义，如"你"ni、"努"nu、"女"nü。第三个元音 ü [y]，是很多学习者的难点。这是一个高、前、圆唇元音。发音时舌位和 [i] 一样，唯一的区别在于唇的圆展。练习时，先让学生发 [i]，舌位保持不变，然后慢慢将双唇圆起像发 [u] 的样子。

/i/ 的同一音位变体有 3 种。

[ɿ]：跟在 z、c、s 后，如 zi、ci、si；

[ʅ]：跟在 zh、ch、sh、r 后，zhi、chi、shi、ri；

[i]：跟在其他辅音后，如 qi、di 等。

教学中，要和学生说明舌尖前元音，即 z、c、s 后的元音 i，和舌尖后元音，即 zh、ch、sh、r 后的元音 i，这两个元音字母一样，发音却不同，不能混淆。

ü 拼写时有时写成 u，比如，音节 qu，要提醒学生 qu 中的元音是 ü 而不是 u。两点被省略的原因是汉语拼音中没有 q-u 的拼合，因此不会发生混淆。ü 这个音是难点，除了拼写可能带来的误解之外，另一个重要的原因是，英语中没有对应的音素。

教学中让学生了解这些音位变体是很重要的。为了让问题简化，可以让学生把韵母作为一个整体来学，避免记忆单个元音在不同韵母中的发音。例如，让学生学习和操练 an、ao、a 等独立的韵母。只有在较高的学习阶段需要纠正细微的发音缺陷时，有必要将韵母切割，剖析舌位的高低前后等。

5. 单韵母 er

卷舌元音 er 和英语 "her" 中的元音很相似。er 的发音分为两个音段：[ə] 可看作是/e/的变体；[r] 可看作是辅音/r/的变体。韵母 er 的音节很少，没有一声，只有二声、三声、四声，也没有声母。可以说，er 的音节，连声调的只有三种。

gai "盖"，儿化之后读成 gar，和英语中音节末尾的后缀 er 相似，如 better、farmer 等。

（七）复韵母

汉语的前响二合复韵母，两个元音开口度由大到小，通常是一个中或低元音跟一个高元音结合，如 ai、ei、ao、ou 等，在同一个音节内完成两个元音的滑动，音质发生变化，两个元音的音时相当于一个长元音的音时，前一个元音较响亮。

汉英都有前响复韵母，而且发音相似。只是汉语比英语少一个 [ɔi]，但两者仍有细微差别，如英语的 how 中的元音，舌位居中，汉语则较后。

汉语前响复韵母：ai、ei、ao、ou

英语前响复韵母：ai、ei、oi、au、ou

汉语 ai、ao 中的元音 [a] 和 [ɑ]，一高一低，学习者要分辨和掌握它们，需要一段时间，对语音逐渐敏感之后才能发准。

韵尾的 [i] 或 [u] 舌位较高，但在这些复韵母中因与前一个低舌位的元音相连，舌位比单元音相对较低，音时较短。[i] 发成 [ɪ]，发快时有时甚至发成 [e]；[u] 发成 [ʊ] 或 [o]。中低位的元音比高位的出现频率要高。

需要提起学生注意的是，拼音中复韵母 ao，字母与实际发音 [au] 并不一致。而英语元音 [a] 在 [ai] [au] 中，几乎没有分别。

(八) 声调

中文是少数几个声调语言之一，汉字音节只有 400 个，声调区别字义和词义，它对汉语学习和用汉语进行交际的重要性不言而喻。声调对很多加拿大学生来说是顽疾。很多学生不能分辨声调，常常把母语的习惯带到汉语中来。声调的差异，对词义的影响，甚至比声母和韵母都更大。如果声调对了，某一个声母或韵母有些偏误，人们或许还能听懂，比如，把清音 b 发成浊音，或 a 的舌位不准确等，并不一定会影响沟通交际，但如果声调错了，意思就大不一样，甚至相反。

例如，"买"与"卖"，是一个很好的声调偏误的例子，去商店"买"东西却告诉别人你想"卖"东西，将第三声发成第四声，就会闹出笑话，甚至误解和麻烦。当然，很多时候发生这种错误时，中国人大多能意识到是怎么回事，也就避免了一场误会。类似的例子还有混淆"哪里"和"那里"，"通知"和"同志"，把"我要看书"说成"我要砍树"，等等。

学习声调，学生首先要对音调高低有所认识，找到自己音调的区间——高、中、低的位置。其次要知道的是四个声调的调型，是平调还是曲折调，起点和终点是高还是低等。例如，第一声是高平调，起点和终点都落在同一高度，音高在发音过程中持续不变。第二声是声调，起点低终点高，类似英语的疑问语调"what？"第三声是曲折调，音时较其他三种声调为长，这个声调的关键是要找到它的最低点，也就是先降后升所降的最低点。第四声是急降调，起点高终点落到最低调。找对起点很重要。

需要指出的是，语流中声调是不断变化的，调值所标示的音高是相对的，不是绝对的，每个音节的声调都或多或少地受到前后音节声调的影响。例如，第一声，可能读成44，第三声，通常不会发成一个完整的降声调而完成214的调值，不在词尾的上声字只读降调，即21这个部分；去声字也降不到最低值，而读成53，尤其后接去声字的时候，比如"再见"，如果两个去声都读51，会显得生硬而不自然，见图4-9（2）。声调不是静止固定一成不变的，而是随着语流、应讲者的说话风格和内容不停变化着。要习得纯正的汉语语音声调，需要反复练习，融入汉语的环境中。

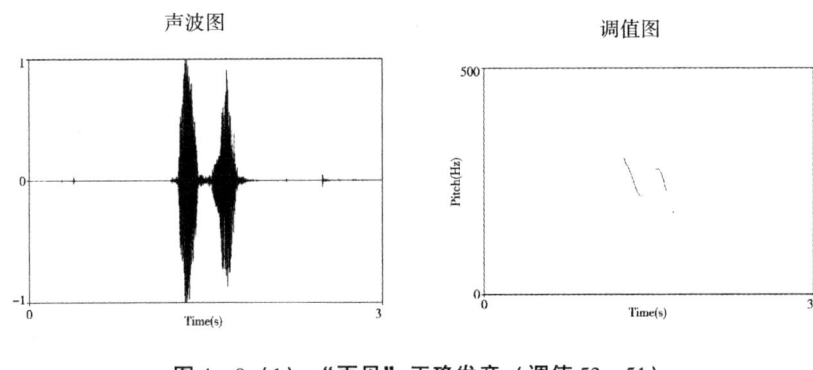

图4-9(1) "再见"正确发音（调值53—51）

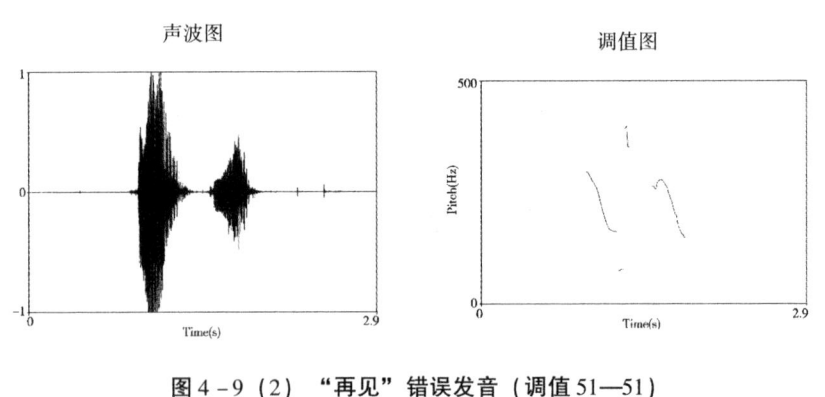

图4-9(2) "再见"错误发音（调值51—51）

语流中声调的相对音高也是影响口音的重要因素。例如"天气"，"天"是高平调，单独一个字无所谓高或低，调值可以是55，也可以是44甚至33。但在词语或语句中，前后字的声调，限制了"天"的音高。"天气"一词中，"气"的调值是51，所以"天"只能是55。图4-10(2)中的"天"，相对音高太低，"气"的起始音高过高，听起来"气"像是英语中的重读音节。

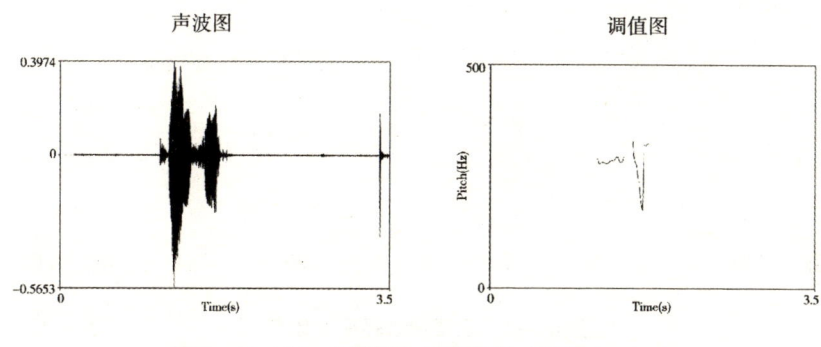

图 4-10（1） "天气"正确发音（调值 55—51）

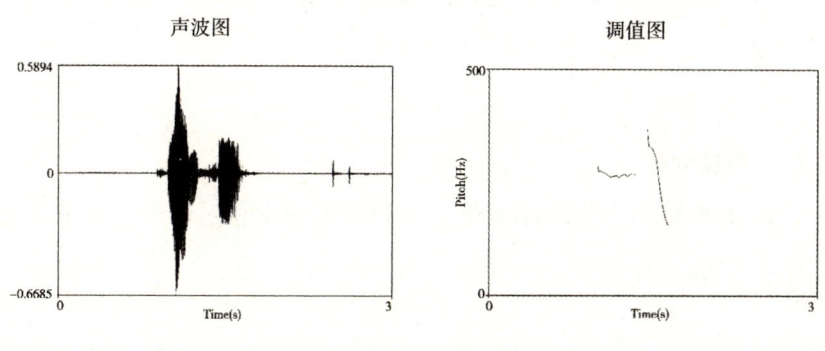

图 4-10（2） "天气"不正确发音（调值 33—51）

语音是否纯正，跟声调和它们在词语中的轻重音有很大的关系。汉语双音节词语的重音一般都在词尾①，三音节词重读音节在词尾，词头为次重读，中间的词最轻（1＝重，3＝轻）。例如：

图书　　图书馆　　图书馆员
2 1　　 2 3 1　　 2 3 3 1

音节重读的规律，如图 4-11 所示：

---

① 轻声词当然不在此列。

图 4-11　汉语词语轻重读音节

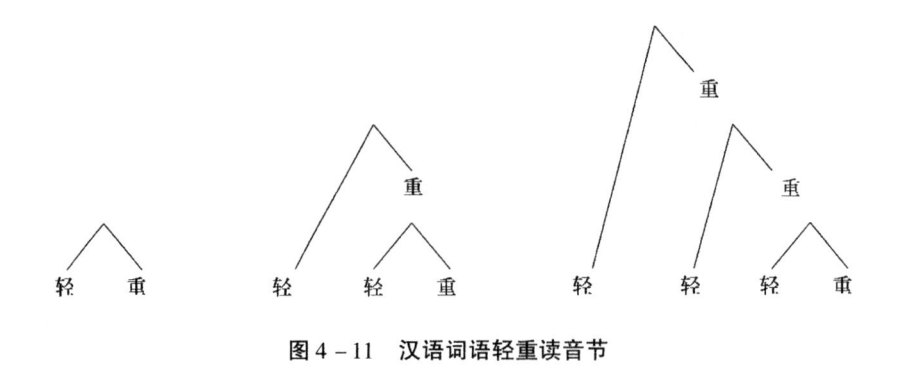

另外，汉语有一些需要遵循的变调规则学生必须了解，这包括"一""不"和上声连读变调等，详见附录一。

二　难度分级

汉语语音并非想象的那么难，因为汉语音素相对较少，音节数量少，结构简单，有规律。

表 4-17　　　　　　　　　汉语语音难度分级

	汉语	英语	举例
一级	有，一项	有，多项	单韵母（i、u、a、o、e），英语有长短对立
二级	无	有	英语辅音：[θ]、[ð]、[v]
三级	有，与英语对应项相似	有	清塞音（b、d、g），英语为浊音；z，英语相对的 ds 为浊音；-ng，英语舌位较汉语为后
四级	有	无	汉语声调，单韵母 ü
五级	有，多项	有，一项	汉语两组声母 zh、ch、sh/j、q、x，对应英语 [dʒ] [tʃ] [ʃ]；汉语元音音位变体

三　问卷调查

大学阶段，母语为英语的学生学习汉语语音的难点及可能出现的偏误，通过两种语言系统的对比，可以得到预测。然而，实际教学中的困难和学生所犯的错误，是否和预测的一致？本书设计了调查问卷（见附录二）。

（一）目的

发现学生在学习汉语语音时遇到的实际困难，对两种语言语音系统的静态对比所做的难点预测进行比较和补充，从另一个角度得到语音习得难点的数据。

（二）对象

2009—2013年，加拿大西安大略大学休伦学院修读汉语的一年级到三年级各班学生，从初级到高级三种不同汉语程度。共发出问卷79份，收回67份。

表 4-18　　　　　　　　　调查对象基本情况

	所占比例	问卷数目：67
年龄 18~22 岁	87%	
加拿大人	91%	
母语是英语	100%	
家庭语言是英语	91%	
中文辅修	13%	
学习中文时间不超过 3 年	100%	

（三）预计结果

1. 根据本书上一节对比分析预测的难点及对难点的难度分级，难点与难度与学习阶段成反比，初级班学生难点多，高级班难点较少。

2. 随着学习时间的增加，语音难度会随之降低。高年级学生可以攻克所有语音难点。

（四）调查结果

1. 学生的语音难点在声调，声调的难点是第四声，包括听辨和发音。具体来说，音高和声调，特别是在语流中的音变。

2. 调查结果和我们的预测并不完全一致。个别学习难点如声调和韵母 ü，我们看不到学习难点和学习阶段之间存在明显的关系，这些难点并非随学习阶段的提高而减弱。声调和单韵母 ü 对初级班学生是难点，对绝大多数高级班的学生依旧是难点。

（五）讨论

学生一开始接触汉语，就学习拼音包括声调（包括变调规则），比词语语法等都早。学了三年甚至更长的时间，对语音习得的难点的自我评估没有太大变化，仍然是声调等几个语言项。出现这样的问题是学生在学习的初期对这些难点没有引起足够的重视，还是因为教学中这些难点没有被特别指出和强调，抑或是在学生出现"化石化"之前，就没有学好而到后来很难改变之前的发音习惯，这些问题本书将在第六章中着重讨论。

声调是难点，原因在于英语不是声调语言，汉语是少有的声调语言之一，声调属于标记特征，没有普遍性，学生不熟悉。对母语是非声调语言的学习者来说，汉语声调是一个共同的难点。声调的习得，究竟是先天的内在的机制对声响的自然反应，还是后天的经验通过学习获得，今后的研究可以进一步探讨母语为声调语言的学习者与母语为非声调语言的学习者，他们在声调学习的过程中有什么不同，学习者怎样改善而能较成功地习得声调。

四 语音测试

（一）测试方法

我们将 L2（汉语）与 L1（英语）的差异按程度分为三种情况，考察在这三种情况下学习者对汉语语音的掌握情况（本章第一节和本节难度分级曾做较细致的论述）：

1. 相同——汉语有，英语也有；
2. 相似——英语有，但与汉语语音特征有差异；
3. 相异——汉语和英语不同，或在其中一种语言中缺失。

（1）汉语有，英语无；

（2）英语有，汉语无。

我们将汉语和英语音值相同的声母 m、l、n、-ng、f、c 和韵母 a、o、ei、ou 归为第一类；将汉英音类相同，但音值有差异的归为第二类，这些音有声母 b、d、g、h、z、zh、ch、sh、j、q、x，韵母 i、u、a、o、e；第三类我们主要考察的是汉语有而英语没有的两项音素，包括声调和单韵母 ü。

根据学习者汉语语音程度将研究对象分为高级、中级、初级三组，各组人数分别为 17 人、30 人和 32 人，共 79 人，通过词语朗读，了解他们对各类音素掌握的情况。朗读材料为单字词和多字词，共 200 个音节，其中"相似"和"相异"的音素每个出现频次不少于 10 次。

表 4-19　　　　　　　　偏误①比例一览表　　　　　　　　（%）

	相同 声母 m、l、n、ng、f、c 韵母 a、o、ei、ou	相似 声母 b、g、h、z、r、zh、ch、sh、j、q、x 韵母 i、u、a、o、e	相异 英语辅音 [θ] [ð] [v]	相异 汉语声调， 单韵母 ü	合计
高	2.34	6.05	0	6.78	15.17
中	2.96	8.1	0	10.44	21.46
初	3.45	12.4	0	12.63	48

---

① 测试中记为缺陷的音，例如，舌根音 h 读成喉音，本书都记为偏误。

(二) 测试结果

1. 偏误比例最大的是汉英相异，在英语中不出现的语言项，即声调和单韵母 ü。这些偏误在初级和中级程度的学习者当中出现的比例较高，主要集中在：

(1) 第一声和第四声相混。例如，"目标"读成 mubiao；"发生"读成 fasheng；"艺术片"读成 yishupian 等。

(2) 第二声和第三声相混。例如，"大奖"读成 dajiang；"潜在"读成 qianzai；"吸引"读成 xiyin 等。

(3) 受英语降调的影响，对不熟悉的词语，或不知道声调的字词一概读第四声。例如，"布景"读成 bujing；"保持"读成 baochi；"经营"读成 jingying 等。

(4) 单韵母 ü 读成 u，例如，"雨水"读成 rushui；"法律"读成 falu 等。

2. 与汉语相似的音，在测试中偏误比例位居第二，差距甚小。

(1) 汉语的舌根音 h [x] 例如"喝"，发音如英语的 [h]，例如 hat。学生发音时，舌根并没有抬高而与软腭接近，而是接近喉部，对学生来说它比汉语的舌根音自然。两者相近，但略有不同，初学者分辨不出它们的差别，直接用英语的喉音 h [h] 取代汉语的擦音 h。

(2) b、d、g 英语是浊音，发音时声带振动；汉语声母 b、d、g 是清音，发音时声带不振动。学生在朗读"大半"daban，"打工"dagong，"不过"buguo 这些词语时，把清塞音声母读成浊音。

与此相似，汉语的 z 和英语的 ds 发音相似，但 ds 声带振动，而汉语 z 是清音，发音时声带不振动。例如，"最多"zuiduo，"动作"dongzuo，"总共"zonggong 等词，都是常出错的词语。

(3) 汉语声母中的两组音：舌面音 j、q、x 和舌尖后音 zh、ch、

sh 对应英语的"j"［dʒ］、"ch"［tʃ］、"sh"［ʃ］，发音相似，学生常用母语英语发音替换汉语相对应的声母。例如，"家长"jiazhang、"汽车"qiche、"学术"xueshu 等词，常会出现偏误。

（4）汉语声母 r 和英语辅音 r［r］很相似，只是舌尖的位置略微不同。汉语发音时，舌尖向上，向着上腭，不圆唇，如"让"rang、"热"re 等。而英语 r 是龈后音，发音部位在龈脊的后面，舌尖位置较汉语低，发音时圆唇，如"read""run"等。

（5）汉语只有五个元音音位，不同的韵母都是这五个音位的变体。例如汉语拼音中的字母 a，在不同的韵母中，有不同的变体。如在复韵母 ia 和 ai 及音节 dan 和 dang 中，a 的高低前后都不相同。例如"在家"zaijia 等词；汉语中的字母 e，在复韵母 ei 和 ie 中有发音略有不同，但不区别意义，例如"切面"qiemian 等词；同样，字母 o 在复韵母 ou 和 uo 中也略有不同，但不区别意义。例如"走过"zouguo 等词，这些细微的差别对初学者来说很难辨别。

3. 与英语辅音相同的声母，在测试中偏误比例很低。偏误的出现我们认为是因为不熟悉测试材料，或口误造成的。

语音测试结果表明，学习者习得汉语的难度主要来自于英语与汉语的差异，而这种差异其实包含许多联系，如发音上的对应与相似等。我们认为，两者的差异并非绝对的差异，而是有近似关系的差异。造成学习者声母习得困难的是"相异"①，有些是相异中的相似。

---

① 弱对比分析理论认为，相似的语言项比不相似的更难习得。原因是差异越大，越容易被注意。差异不明显的，常常容易被忽视，结果反而不容易习得，或习得需要更长的过程。Flege (1992，1995) 的研究得出这样的结论：相似的音难习得，因为学习者得把它们感知成为母语中的那个相似音，而"新"的不相似或完全不同的音，却相对来说比较容易习得，因为它们和母语有着明显的不同。Bohn & Flege (1992) 发现德国人学英语时，近似的/i/、/ɪ/、/ɛ/不地道，然而他们发/æ/这个不近似的音却很正宗。尽管很多研究表明，二语习得者学习与自己母语近似的音比不近似的音更难，但也有例外。Major (1987b) 的研究发现，当学习者的发音越来越纯正时，与他们母语不近似的音得到了明显的改善，而近似的音却反而越来越糟。

"相异"部分的偏误,很大程度是母语的迁移造成的,而且在初级和中级程度的学习者当中出现的比例较高。我们可以初步得出这样的结论:初级阶段的学习者在习得汉语语音的过程中出现母语迁移的情况较为频繁。

二语习得的难点问题,仍是揭示二语习得中诸多未解之谜的那个至关重要的"黑匣子"。各项二语语言差异与习得难度的研究及本节对加拿大学生习得汉语语音难点的测试考察,表明习得难度与英语和汉语之间的差异程度、标记强弱及自然度等因素有关。

第四节 汉语语音习得常见偏误及其出现频次

对英语学习者来说,拼音看似相识,字母都是他们熟悉的,但须注意,虽然拼音的声母和韵母和英语有一些对应关系,但并非相同的字母发相同的音。例如上节我们谈到的拼音声母 z,对应的是英语的 ds,如 birds(发音并不完全相同),而非字母 z。学生在汉语语音中常出的偏误,归纳如下。

一 不送气的清塞音发成浊音

不送气的清塞音在汉语音节的开头,拼音为 b、d、g,学习者往往把它们发成浊音塞音。教学中可以提醒学习者对照英文中 s 后的 p、t、k,它们是清音,比较接近汉语声母,如"不对"budui 中的声母 b,和英语单词 speak 中的 [b] 很接近;汉字"打工"dagong 中的声母 d,和 steven 中的 [t] 很接近。

二 擦音 h 发成喉音

汉语声母 h 几乎和英语发音一样。但声母 h 是擦音,说英语的学习者容易把它跟英语中的喉音 h 混为一谈，两者发音部位不同。帮助学生找到汉语 h 的发音部位，可以让学生先发 k。重复 k 的音，然后舌根略微降低，让气流从舌根和软腭之间的狭窄的通道流出，就是 h 音了。

三　舌尖前音 z 发音时声带振动

汉语拼音 z 和英语中的 ds 发音很接近，但不同的是，ds 声带振动，而汉语 z 是清音，发音是声带不振动。

四　舌尖后音 zh、ch、sh、r 发成腭音

舌尖后音是声母习得难点。zh、ch、sh 这组音，学生发得很像英语的 [dʒ] [tʃ] [ʃ]。汉语发音时舌尖是平的，而英语的发音舌尖略微向上，向着上腭。例如："你看过那部关于长江的纪录片吗？"这一句，说成"你看过那部关于强奸的纪录片吗？"

类似的例子屡见不鲜。学生要能够感知细微的差别，并调整舌头的位置，才能发准。zh、ch、sh 发音时舌尖位置相同，就像英语中 [dʒ] [tʃ] [ʃ] 发音时舌头位置相同一样。发 zh 时，舌位和英语的 [dʒ] 相近，但舌尖向上，而 [dʒ] 的舌面较平[①]。

表 4-20　　　　　　汉语舌尖后音和英语对应的音

中文	zh [tʂ]	ch [tʂʰ]	sh [ʂ]	r [ʐ] 或 [ʑ]
英文	j [dʒ]	ch [tʃ]	sh [ʃ]	r [ɹ]

---

① 另外，舌尖后音只出现在字头，英语可以在音节的开头，也可以在音节末尾。

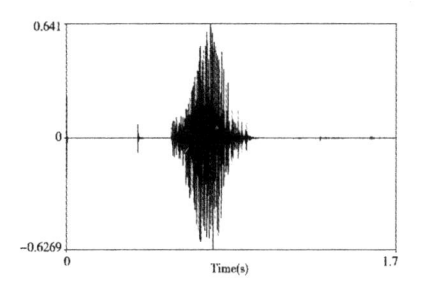

图4-12（1） 汉字"至"的发音声波图

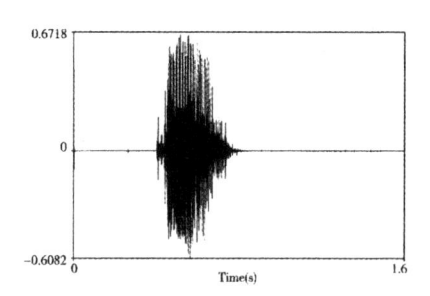

图4-12（2） 英语jirt（学生替代"至"）的发音声波图

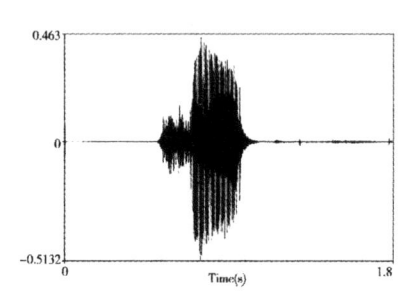

图4-13（1） 汉字"吃"的发音声波图

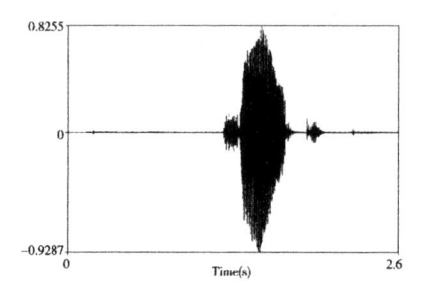

图4-13（2） 英语church（学生替代"吃"）的发音声波图

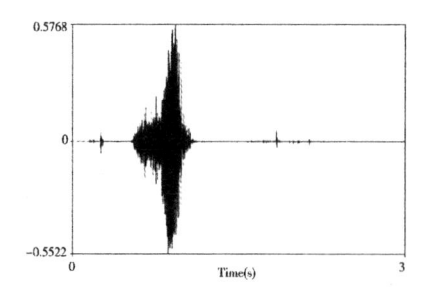

图4-14（1） 汉字"是"的发音声波图

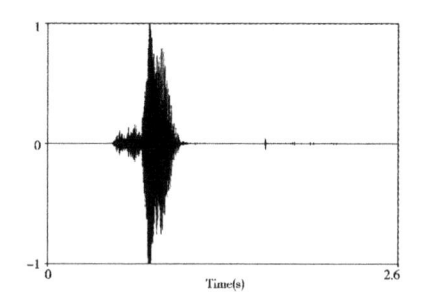

图4-14（2） 英语shirt（学生替代"是"）的发音声波图

声母 r 的发音和英语中的 r [ʒ] 很相似，例如"measure"，但两者有一定的区别。英语中 r 是龈后音，发音部位在龈脊的后面，发音时圆唇，如 read、run；汉语是舌尖龈后音，人们习惯称为"翘舌音"，发音时用舌尖，不圆唇，如"让"rang、"热"re。有一点需要提醒学生的是，汉语的 r 不圆唇，但如果后接元音 u，r 应该圆唇，如"入"ru。另外，和 zh、ch、sh 不同的是，与 r 拼合的韵母有限。

五　舌面音 j、q、x 发成腭音

如同 zh、ch、sh，它们跟英语的 [dʒ] [tʃ] [ʃ] 也很接近，如 juice、choose、shoes，很多时候学生就以母语中这个相似的音代替汉语中的这三个音。汉语中的这组音，舌面靠近根部的地方抬起，位置接近上腭。帮助学生发 x，可以从英语与之相似的 [ʃ] 开始，先发 [ʃ]，如 she。需要注意的是，英语的 she 有一定程度的圆唇。学生先发 [ʃ]，然后慢慢展唇，再加元音 [i]，就可以发出汉语的"西"xi 这个音了。这三个音后面只接元音 i 或 ü。j、q、x 后接 ü 的时候，即 ju、qu、xu 三个音需要圆唇，因为元音 yu 是圆唇的。

六　ch－q、zh－j、sh－x 两组音互相替换

这两组声母对应英语的同一组音 [dʒ] [tʃ] [ʃ]，但汉语中发音部位不同，分辨和发好这两组音，初学者有一定的困难。当和韵母拼合后，比较容易分辨。例如，ch＋u＝chew [tʃu:]，q＋u＝chu [tʃy]。

七　单韵母 a、o、e 舌头的位置把握不准

a 的音位变体有四种。在高元音 i 或 ü 后，后接前鼻韵尾 [n]

时，舌尖位置相对较高，接近［ɛ］，这个音与英语中 bed 的元音相似，如"圈"quan、"言"yan、"包"bɑo、"太"tɑi 等，学生发得较后舌位较低，元音就像是单韵母的［ʌ］。

拼音中，［ə］［ɛ］［ɣ］和［e］都由字母 e 代表，在韵母"ui、iu、un"中，字母 e 被省略。中位元音有较复杂的音位变体，而几个不同的变体在书写时合并成一个，给学习者带来一定困难。e 的同一音位有四种变体，学生对 e 的舌位把握不准。例如，"北"bei、"且"qie 等词，舌位偏低。

o 在元音［w］之后，或后接元音［u］构成复韵母 uo 和 ou，舌位不同。例如把"多"duo 发成［duɔ］。

八　元音省略

汉语音节 bo、po、mo、fo，实际发音应该是 buo、puo、muo、fuo，例如"波""破""陌""佛"等字，学生会省略元音 u。

复韵母 iu，是 iou 的缩写，如"丢"diu、"流"liu、"牛"niu 等，iu 实际发音应该是 iou，特别是上声字，如"酒"jiu、"有"you 等学生常忽略元音 o。

复韵母 ui，是 uei 的缩写，如"对"dui、"推"tui、"水"shui 等，ui 实际发音应该是 uei。学生常忽略元音 e。

鼻韵母 un，是 uen 的缩写，如"论"lun、"盾"dun 等，un 实际发音应该是 uen。学生常忽略元音 e。

九　前后鼻韵混淆

前后鼻韵母，如 in-ing、an-ang、en-eng 等，学生常出现问题。问题在于元音部分，如 in-ing，学生常认为元音 i 在两个韵母中的发音都一样，其实不然。前鼻韵的元音舌位较高、较前，后鼻韵的元音舌位较低、较后。an – ang、en – eng 等类似。

十　高元音 ü 发成 u

这是一个高，前，圆唇元音。英语没有相同的音位，学生会用 u 代替。ü 发音时舌位和［i］一样，唯一的区别在于唇的圆展。练习时，先让学生发［i］，舌位保持不变，然后慢慢将双唇圆起像发［u］的样子。

十一　复韵母 ao 舌位偏高

英语的 how 中的元音，舌位居中，中文较后。汉语 ao 中的元音［ɑ］舌位较低。需要提醒学生注意的是，拼音中复韵母 ao，字母与实际发音［au］并不一致。而英语元音［a］在［ai］［au］中，几乎没有分别。

十二　声调

这是最常见，也是最应该引起重视的偏误。对很多中国人来说很容易的词语，但对加拿大学生并不容易。声调是"顽疾"。例如"买"与"卖"，是一个很好的声调偏误的例子。如果将第三声发成第四声，就会闹出笑话：去商店买东西，却告诉经理你想卖东西。当然，很多时候发生这样的错误时，中国人大多能意识到是怎么回事，也就避免了一场误会。类似的例子还有混淆"哪里"和"那里"、"通知"和"同志"，把"我要看书"说成"我要砍树"等等。主要偏误类别有：

（一）第一声和第四声相混。例如"目标"读成 mubiao；"发生"读成 fasheng；"艺术片"读成 yishupian 等。

（二）第二声和第三声相混。例如："大奖"读成 dajiang；"潜在"读成 qianzai；"吸引"读成 xiyin 等。

（三）不熟悉的词语，不知道声调的一概读第四声，受英语降调的影响。例如："布景"读成 bujing；"保持"读成 baochi；"经营"读成 jingying 等。

十三　忽略音节拼写时的变化

（一）零声母音节字头发生变化，元音并没有因此而加长。例如：

in → yin　　音

ing → ying　　影

u → wu　　屋

（二）ü 开头的零声母，及与 j、q、x 相拼时 ü 上两点省略，与 u 混淆。例如：

鱼 yu　　乐 yue　　决 jue　　全 quan　　询 xun

（三）b、p、m、f 与 o 相拼时，u 的音省略，不像"果"guo，"卓"zhuo 等音节，学生朗读时不读 u。例如：

波 bo　　魄 po　　抹 mo　　佛 fo

十四　受英语翻译的影响

有些词语，英语翻译和拼音不同，先入为主，学生较熟悉的是英语词汇，而音译的英语词汇和汉语实际发音有一定的差别。例如：

Tofu　豆腐　dòu fu

kong fu　功夫　gōng fu

taichi 太极 tài jí

tao 道 dào (Taoism dào jiào)

lychee 荔枝 lì zhī

第五节 各类偏误出现频率及排序

学生的汉语中介语的发展的过程大致是：

(英语=100，汉语=0) (英语=100，汉语=100)。

学生汉语由0到100的过程是缓慢的，英语在此过程中逐渐由强变弱，或维持不变。汉语和英语相似的音素，及有标记的音素习得较晚较慢。

表4-21　　　　各类偏误出现频率（%）及排序

	一	二	三	四	五	六	七	八	九	十	十一	十二	十三	十四
	清浊音	h	z	zh ch sh r	j q x	zh ch sh r/ j q x	a o e	元音省	前后鼻	ü	ao	声调	拼写	音译
频率	6.3	7.5	9.6	16.4	17.5	17.9	11.3	6.2	5.1	19.6	10.2	23.5	2.1	1.5
序位	10	9	8	5	4	3	6	11	12	2	7	1	13	14

语音习得顺序由易到难，习得时间由快到慢依次是：

前后鼻韵≤清音声母≤复韵母≤声母h≤声母z≤单韵母≤ zh ch sh r≤ j q x ≤单韵母ü ≤声调

根据学生出现的偏误，我们可以了解习得者对目标语的掌握情况，其所处的学习阶段，及学习者学习目标语所使用的策略。对偏误的细致分析对教学中避免偏误及教材的使用有一定的帮助。

第六节　汉语语音偏误分析

本节对学生在测试和学习中所发生的偏误类型，将偏误分为三类[①]：（1）语际偏误；（2）语内偏误；（3）文化偏误。

一　语音偏误分类分析

（一）语际偏误

语际偏误根据 Weinreich 分七类。

1. 替代

母语和目标语音素相同时，学生直接替换。鼻辅音 m、n 和 ng，边音 l，以及声母 f、c，学生发这些辅音都没有问题。例如："美女"meinü、"南岭"nanling、"发财"facai。还有韵母 a、o、ei、ou，例如"魅力"meili 等。当然这些替代不会造成偏误，但替代也是学生偏误的主要类型，主要发生在相似音上。

母语和目标语音素相似时，学习者用英语中最接近的音来替代汉语语音。例如：用 birds 中的 ds，替代汉语声母 z，"是"shi 也能找到相似的音 shirt，"吃"chi 用 church 替代，"西方"的"西"xi 直接用 she 替代。

2. 语音加工

学生用母语中的音位变体，替代目标语音素，特别是难音。比方说英语辅音有清浊对立，汉语只有清音，当看到相同的字母时，会把

[①] 对比分析以两种语言系统为研究对象，偏误分析以中介语为研究对象。前者是静态的，理论性的，后者是动态的，来自教学实践并能直接运用于教学实践。学生在学习过程中形成了自己的语言体系，这种语言体系建立在目标语输入的基础上，运用一定的学习策略，形成了既不同于母语，又不同于目标语的中介语体系。

应该读清音的声母读成浊音。例如：汉语"八月"bayue 中的清音声母 b/p/，发成英语中的浊辅音/b/，"打折"dazhe 声母 d 读成浊音声母。

3. 差异不足

英语中 t、k、p 等辅音，在字头 s 后读成相应的不送气音，但音位相同。这种现象在汉语中是没有的。"tar"和"star"中的 t，发音分别是［t'］与［t］，但音位相同。汉语中的"塔楼"talou 和"大楼"dalou 中的［t'］与［t］是不同的音素；又如：英语的"park"和"spa"，p 在两个词语中发音不同，但音位相同，而汉语"爬高"pagao 和"拔高"bagao 两个词语首字的声母不同，音位也不同。类似的还有英语"kite"和"sky"，k 在上面两个词语中发两个音，音位相同，但汉语"改名"gaiming 和"开明"kaiming 两个词首字声母音位不同，当然也区别词义。

4. 超差异

这种偏误发生在英语没有，而汉语有的音素上。例如英语长短元音是两种不同的音位，而汉语没有长短元音的对立，只有一种就是短元音。学生在发单韵母词语时常把元音拉长，比如，"咖喱"gali，"估计"guji 等词。特别是"i"和"u"为韵母的零声母音节，半元音"y""w"之后还有元音"i""u"，就更容易拉长音节，影响语流。例如下面这些语句：

我的大学是一流的。

Wo de daxue shi yiliu de.

他无法不想隔壁那个梳长发的女孩儿。

Ta wufa bu xiang gebi na ge shu changfa de nühar.

因为元音被拉长，本该读轻声的词重读，儿化音也发得不好，整个语音面貌因此而受到影响。

5. 再解释

这种偏误发生在英语有，汉语也有，但特征存在差异的音素上。如汉语声母 r，发音时不圆唇①，例如"热情"reqing、"忍让"renrang，学生把词语中的 r 发成圆唇音，因为英语 r 是要圆唇的，如"red"。甚至直接用英语音节来替代，例如"好"hao，学生说得很像英文词"how"。

6. 音位干扰

在音节拼写与发声时，学生使汉语的音节结构遵从英语音节结构特点。汉语大多数辅音都只能做字头，而且音节的声母和韵母的拼合有一定规则，如 d、t 不与前鼻韵母 in 相拼，只与后鼻韵母 ing 拼，如"叮咛""听懂"等词，但英语有 din、tin 等音节，教学中要提醒学生，了解这一规律可以避免错误的发生。又如 n、l 一般不与 en 相拼②，只与 eng 拼，如"能耐"nengnai、"冷暖"lengnuan 等词中的"能""冷"字都是后鼻音。

7. 音韵干扰

加拿大学生常常在句末用降调，有时是不知道汉字的声调，也有时知道却发不好，于是知道不知道字的声调都读去声，不管本身的声调是什么。又如语调。汉语是声调语言，但同时也有语调的变化，语流中的声调随着语调而相应地出现或高或低的变化，这给学生带来很大的难度。和英语语调不同，汉语的语调变化体现在个别字音（声调）或一组字音的高低变化上。③ 英语语调可以随意变化。

---

① 除非后接圆唇元音"u"，比方"入"ru，圆唇。
② "嫩"除外。
③ 汉语语调通过音节声调的变化来体现，声调变的是调值的高低，调型不变。如阴平始终是平调，在不同的语调中，调值可能会发生高低的变化。例如，简单疑问句"他高吗？"，跟有嘲讽语调的句子"你高，你比谁都高。"两句中的"高"，调值不同。

学生在学习汉语时因母语英语的干扰而形成的语际迁移,往往被认为是负迁移。我们认为在初学阶段,语际迁移可以帮助学生更快地进入汉语语音这个学习领域,让学生产生熟悉感,亲近汉语,在这个意义上讲迁移是有积极作用的。

（二）语内偏误

因目标语内部规则互相干扰形成的偏误,学习者用自己理解的汉语规则引起的偏误是语内偏误。主要表现是过度泛化[①]。

学生在说话朗读时,很多时候只有汉字文本,没有拼音辅助。而汉语中有很多音都是成对出现的,如前后鼻音、平翘舌音。一个字究竟是该读前鼻音还是后鼻音,或平舌音还是翘舌音,往往先努力回忆,回忆不起来就进行类推。

汉字有大量的形声字,类推的结果大部分时候是对的,也是一个有效的,以少记多的好方法。例如:"中"是翘舌音,有"中"这个部件的字"种""钟""忠"等都是翘舌音。然而不是所有的类推都找到正确的发音,例外的音节如"占",它是翘舌音,很多有"占"这个部件的汉字如"站""战"等是翘舌音,可"钻"则是平舌音。相反,"宗"是平舌音,大部分有"宗"这个部件的汉字如"综""粽""纵""鬃"等都是平舌音,而"崇"则是翘舌音。

鼻韵母16个在汉语韵母中的比重很大,鼻韵母音节在汉语常用字中也有相当大的比重。利用类推可以大体上把握前后鼻韵母的汉字,但例外也还是有的。例如"宾"bin,"滨""膑"等都从"宾",读前鼻音,可"槟"是后鼻音。这样的例子还有"劲"jing,可以类推的字有"经""颈""茎"等,都读后鼻音,而"劲"还有jin的读音,通常儿化。又如"令"ling的韵尾是-ng,而有"令"部首的

[①] 英文为:over-generalization。

字既有后鼻音，如"铃"ling、"领"ling、"玲"ling 等，也有前鼻音如"邻"lin、"拎"lin 等。

这并不是说汉语规则会引起偏误。我们在给学生介绍规则或类推方法时，要强调特殊情况，以免挂万漏一。掌握规则还是重要的，比如汉语哪些辅音、元音可以以怎样的顺序组合成一个音节，有一定的规则，了解这些规则可以避免出错。例如：汉语声母"d""t"不与前鼻韵母"in"相拼，只与后鼻韵母"ing"拼。一些常用字如"叮"ding、"订"ding、"挺"ting 等我们只能读后鼻音。又如"bing"这个音节没有阳平字，但有其他声调如"冰"bing、"饼"bing、"病"bing，要是把这些字读阳平就肯定错。"xin"只有阴平和去声，如"信心"xinxin，没有阳平和上声；而"xing"只有阴平、阳平和上声，如"行星"xingxing，没有去声。所以去声"xin"一定是前鼻音，而阳平和上声则一定是后鼻音"xing"。再如"z""c""s"和"en"相拼的字只有"森"sen、"参"cen、"怎"zen 等字，那么"僧"seng、"蹭"ceng、"增"zeng 就只能是后鼻音。

（三）文化交际偏误

很多初学者，因为缺乏语言的训练，对语言语素之间差别意识不足，注意力放在交际技巧或语法等方面，而忽略了语音，因而常常发生偏误。学习者母语的语音系统是第一位的，不需要有意识地学习或考虑，但二语却不同，需要有意识才能发音正确。

另外在口语交际中，说话者常常注意表达语义，而发音出现偏误。因为交际过程，重要的是传递信息，而不是发音正确[1]。但因为发音含糊或不清楚，有时候会影响信息的传递，甚至产生误解，特别

---

[1] 对大多数学习者来说，纯正的口音不需要，别人也不期待。目的是要在大多数场合，和大多数人产生最容易的，能让人理解的发音。（Hewings，2006）

是当说话者不确定用词的选择时。为了找到一个合适的表达，当说话者对发音有犹疑的时候，会发出多音字的另一个音。比如，"会计""提防"等词。

文化语用偏误较多的是词汇选择和语法上的，例如学生在学习了"死"这个词之后，就以为会用了。结果说出"你妈妈死了没有"这样的话。虽然语音上的文化语用偏误不太常见，但不是完全没有。例如"您"这个词，学生一般不会用。"不会用"可能是教学中教师忽略给学生介绍这个英语中没有"心"的"你"，在中国文化与汉语交际中的场合及其重要性，学生不知道怎么用；另一种可能是就算学生知道也未必会用，避繁就简。

教学中我们还是可以跟学生解释一些多音字词在口语中的发音，例如"饭熟了"，口语中"熟"字念 shou，课本也许学的是"熟悉"只标注 shu。类似的例子还有"这条围巾色儿很鲜艳"中的"色"，口语念 shai，一般后加儿化；"不小心划破了手，流血了"一句中的"血"念 xie，不念 xue。"放假啦。"句末语气词用"啦"la，比"了"le，能够更强烈地表达出兴奋的心情。

同音字是汉语汉字的很明显的特点，也常是学习的难点和常见的偏误。在书面作业上我们常见也容易批改，但在交际中，因为发音相同，我们要做特别的解释，才能让学生区分。教学中同音字要引起学生的注意。有人闹过这样的笑话：两人初次见面，互相介绍时：

学生甲："您贵姓？"

学生乙："我姓魏。"

学生甲："魏什么？"

学生乙："为什么？姓魏也要问为什么？！"

对中国传统文化不了解，也会引起误会。下面这段对话也许会发生在中文课堂上，也可能会发生在你身边学习汉语的学生中。

学生甲："中国是礼仪之邦，可古代有人自称老子，很不谦虚！"

学生乙："也不能一概而论，那个写了一本'兵法'的人不是自称孙子吗？谦虚得过了头了！"

二 偏误产生的原因

过了语言习得关键期的学习者，一个共同特点是，无论是语音片段或是整个句子，他们都会有口音。说母语的人能够很容易地从一班人中辨别出哪些人是较晚习得目标语的，或学习者的母语是什么。学习者的发音是介于母语和目标语之间的语音，即中介语的语音。造成这一现象的原因之一，是他们对目标语语音系统的感知和意识较弱[①]。

目前人们对二语语言的研究普遍认为，语音问题主要来自于感知。学生可能对二语语音的感知和对母语的感知有差别。特别是当汉语语音和英语相似时，学生产生感知上的困难，这导致两种结果：一是母语迁移，例如将声母 z 发成 ds；或是 L2 两类音都发成母语的某一类音，如声母 zh、ch、sh 和 j、q、x，学生发成 [dʒ]、[tʃ]、[ʃ]。

不是所有的口音都因为感知的问题。有些音，学生能够感知，但就是发不了正确的音。也有因为教师的错误示范，不知道它的正确发音，如将韵母 ü 或声母 zh，发成 ru 和 z 或其他错音，让学生误以为那是正确的发音而产生偏误。

---

① 对绝大多数较晚（迟于关键期）习得的学习者来说，他们对目标语语音的意识与操母语者是不同的。比如日本学习者对英语辅音 [l] 的感知。不同的对象，使用不同的测试材料和方法，很多研究得到的结果是共同的：绝大多数日本英语学习者不能分辨英语的两个辅音 [r] 和 [l] (e.g., Miyawaki et al. 1975; MacKain et al. 1981; Yamada 1995)，对母语是日语的英语学习者来说，这两个辅音没有区别。这跟母语为英语的儿童作为 L1 初学这两个辅音，对它们的听辨结果有很大的出入。

第五章

加拿大多元文化语境与汉语教学

第一节 加拿大多元文化与语言的发展历程

20世纪头50年,加拿大政府对待其他民族的语言和文化的主导态度是同化或加拿大化(assimilation, or Canadianization),即鼓励学生背弃他们家庭的语言与文化,学习英语和加拿大人的行为方式,双语被看作是可能导致学生思维混乱的无益的东西[1]。新移民不会讲英语要被勒令回家,等英语达到一定程度后才可以重返学校与加国学生一起学习[2]。一些教育人士反对将英语和法语以外的第三语言纳入正规课程,理由是学校已经超负荷了,除了电脑、艺术、家政、体育等选修课以外,还有各式各样的少至十几种,多至上百种的课外活动,学校担心核心课程的授课时间会越来越少。

在这种政策和语言理论主导下,英语是主流语言,学生要学讲英

---

[1] 双语被认为可能导致学生思维混乱,无益孩童的智能发展。支持这一做法的生理学基础是:孩子大脑分管语言的区域是有限的,太多语言会使某一种语言能力变弱。

[2] 当时的理论研究认为,孩子大脑分管语言的区域是有限的,太多语言会使某一种语言能力变弱。很多双语儿童在学校的成绩不好,在家里面临很多情意困扰,这些问题的存在为上述观点提供了支持。

文，对华人新移民来说，英语好才能出人头地。入学前先要"忘本"强攻英文，在学校学习偏重英语课程，家长也特别重视子女的英文水平，忽视中文的学习。英语一日千里而中文水平却停滞不前甚至倒退。

一 认可移民的教育和专业资格（60年代末）

60年代末到70年代，母语为非英语和法语的移民儿童人数迅速增加①。移民孩童需要学习英语无可厚非，但与此同时，怎样对待他们自己族裔的语言和文化，被提上了议事日程，并在官方、教育、各族裔社团、家长和学生等各个阶层，引起了广泛的关注和讨论。加拿大是否应该鼓励新移民保留他们自身的身份、语言和文化？多元文化的价值何在？就语言教育而言，学校是否应该同化拟或保留其他族裔的语言和文化？除了英文和法文之外，是否应该开设第三语言课程？这个看似简单的语言课程问题，却涉及社会和政治的各个层面。

后半世纪的很多研究②，为多元文化政策提供了支持。与此同时，人们开始认为民族身份认同对社会发展大有裨益。1967年加拿大修订了移民政策，认可移民的教育和专业资格。

二 各族群在加拿大语言文化的多样性得到尊重和保护（70年代初）

1971年10月，加拿大联邦政府制定并通过了《双语框架内的多元文化政策实施宣言》③，各族群在加拿大语言文化的多样性得到尊重和

---

① 仅多伦多地区，需要ESL（English as a Second Language）的学龄儿童在十多年间增加了50%，为这些儿童提供ESL是当务之急。
② J. Cummins（1981，1987），S. Lapkin & M. Swain（1998）等人的研究，发现学生学习多种语言，有益智能的发展。
③ 英文为：Announcement of Implementation of Policy of Multiculturalism within Bilingual Framework。

保护，1973 年继承语①项目正式启动。加拿大政府和教育社会等各界强调保持移民及其后代的继承语。政府设立多个部门负责多元文化的推广和实施②。1988 年 7 月，加拿大正式颁布《加拿大多元文化法案》③。

保持继承语是加拿大对语言政策的一个重要修订。推广继承语的重要性主要体现在：

（1）语言文化的身份认同，帮助孩子获得母语能力。第二语言的习得得到支持，提高他们在学校的学习表现。

（2）语言和文化备受重视，有助于移民在加拿大安定下来。

（3）对移民家庭和他们的子女来说，学习 HL 的好处更是显而易见的，表现在：孩子对自身传统有所认识；便于和父母、祖父母交流；被列为高中的学分课程，可以像其他高中选修课一样修读学分；语言知识技能为学生提供额外的运用和发展的机会；鼓励学生发展新的语言技能对他们在多元文化环境中的加拿大的生活及适应全球一体化有帮助。

三　明确规定少数民族的语言权利（90 年代中）

90 年代中期，加拿大政府对多元文化政策做了进一步调整，更加明确规定少数民族的语言权利，强调保留各族裔的语言与文化遗产对加拿大社会经济发展的价值，接受并且承认多元文化是加拿大社会的一个重要特征。

1990 年，加拿大教育委员会④对 11 个省（地区）的 124 个教育

---

① 英文为 Heritage Language，简称 HL。
② 这些部门包括移民局、就业局、联邦政府及其多元文化办公室等。
③ 英文为：Canadian Multiculturalism Act。
④ 英文 Canadian Education Association，CEA，成立于 1891 年，是加拿大最早的全国的教育委员会。以联络研究人员、教师、政府、教育界人士和学生。是隶属于联邦政府的非牟利组织。

局（school board）发出关于继承语开设情况的问卷调查，收到94个回复。调查内容涉及法制、规章、政策、课程、财政等诸方面。加拿大各省的语言政策和立法各不相同，各省政府在财政及交通、设施、教师专业发展等方面的资助也不尽相同。政府资助的语言课程有两种：

（1）教育部资助的（学校内的）语言课程，纳入正规学校课程，设置于现代语言或多元文化学科下①。

（2）省务卿②资助的语言课程，在正规学校课程以外由社区内提供③。

11个省中，阿尔伯塔省④最全面。除了在本地发展继承语为第二语言的课程之外，还尝试了双语课程，为学习者提供锻炼交际能力和增强文化理解的机会。当然这些语言课程的开设也非尽善尽美。学校普遍面临的问题是课程设置和人员安排，以及对教授继承语教师的师资聘用与管理等。

2005年7月，首届"世界汉语大会"以"世界多元文化架构下的汉语发展"为主题在北京举行。加拿大联邦政府多元文化部部长陈卓瑜（Raymond Chan）派代表参加，并在发言中强调多元文化对加拿大的经济和社会发展所发挥的重要作用，强调语言与文化的多样性对世界发展和世界和平的重要性。20世纪接近尾声时，多元文化

---

① 有些省市在高中各年级开设（九至十二年级），有些则扩展到小学初中的五至十二年级。BC省的西蒙弗雷泽大学（Simon Fraser）还提供教学法工作坊等各种形式的师资培训。财政拨款2000元加币（BC省），有的按人头分派，每人200~400元加币不等，另加交通费等，如萨斯喀彻温省（Saskatchewan）、阿尔伯塔省（Alberta）的做法。

② 英文为：Ministry of Provincial Secretary。

③ 1990年，不列颠哥伦比亚省（British Columbia，BC）政府拨款25万元加币，用于课本、多媒体教学资料、教师专业发展等。经费由学生入学人数决定：25人以下可得到500元加币的资助；25~50人共900元加币；51~100人共1500元加币；100人以上则可获资助2000元加币。

④ 英文为：Alberta。

已经成为经济发展的巨大推动力量。加拿大出生的人口中移民（包括华裔）仍将进一步增加，至2031年，移民第二代人口[1]将占加拿大总人口的47%，是2006年的24%的近两倍[2]。

第二节 汉语作为第二语言课程在加拿大的发展

1967年，加拿大移民政策认可移民的教育和专业资格，华人可以跟其他种族人以相同的条件移居。这项政策的修订带来了一轮移民大潮。根据加拿大对移民的报告和统计[3]，80年代以来，加拿大华人社区不断扩大，至1998年，来自中国大陆的加拿大移民名列第一。

加拿大统计局的数据显示[4]，除了英法两种官方语言外，说汉语的人数在加拿大的排名逐年上升，1971年第七，1991年第二（仅次于意大利），2001年第一，超过85万人，而当年的全国人口3000万人，占3%[5]。2010年，加拿大共有130万华裔人口，占全国人口4.3%。有36.1万人表示自己的母语是广府话，17万人表示其母语

---

[1] 移民第二代人口指其父母至少有一人是在加拿大以外的国家出生。

[2] 加拿大英法双语制和多元文化政策受到部分人的质疑，认为加拿大的移民越来越多，移民来源国也越来越多元化；而多元文化政策鼓励这些新移民保持自己的语言和文化，用不着去努力融入加拿大的主流社会，导致加拿大社会越来越松散，国家意识越来越淡薄，不少新移民不但没有把加拿大当成自己的祖国，甚至觉得可以心安理得地保持对原籍国的忠诚。（加拿大国际广播 Radio Canada International, 2012年10月26日）。

[3] Immigration Overview: Facts and figures (Citizenship and Immigration Canada, 2001).

[4] Statistics Canada, 1971 Census of Canada, Public Use Sample Tape (1976), individual File; Statistics Canada, 1981 Census of Canada, Public Use Sample Tape (1984), individual File; Statistics Canada, 1991 Census of Canada, Public Use Microdata File on individual File (1994), Statistics Canada, 2001 Census of Canada, Public Use Microdata File on individual File (2005).

[5] 多数华人居住在安大略和不列颠哥伦比亚（BC）。1971年，37%加拿大华人在BC，32%在安大略（Ontario）；到1981年，安大略上升到40%，超过BC的35%，成为最多华人定居的省。两省的华人占总数3/4。1991年，安大略46%，BC31%，阿尔伯塔（Alberta）12%，魁北克（Quibac）7%，另外4%分散在其他各地。加拿大出生的华人，1971年37.6%（124600人），1981年25.6%（285800人），1991年26.8%（633933人）（Statistics Canada, 1994）。

是普通话，另有45.6万人表示只会说中文。

加拿大联邦政府公民、移民和多元文化部①部长肯尼②在2010年4月23日接受新华社记者专访时说，当地华侨华人为加拿大社会发展作出了巨大贡献。2009年加拿大接收的来自中国的移民超过2.5万人。虽然很难对华裔人口在经济和文化领域的贡献进行量化，但他强调："来自中国的移民为加拿大社会发展作出了巨大贡献。"肯尼肯定了华裔150多年来对加拿大社会经济发展所发挥的作用，自修筑东西部的太平洋铁路，至商业和技术上的输入，华人给加拿大社会注入了敬业的工作态度、敏锐的商业意识、出众的迎难而上的精神，以及勤俭节约、善于理财等优秀品质。他表示："加拿大经济的持续增长主要得益于中小规模企业的发展。中国移民在此方面表现尤为出色，加拿大社会因此获益匪浅，这就是我乐见中国成为加拿大最大移民来源国的原因。"

20世纪70年代中汉语正式进入课堂。华人从早期自发举办各种形式的中文学校，到中小学和大学将汉语纳入正规教育，已经走过了半个多世纪的历程。

一 中文学校

早期的中文学校老师来自中国内地和中国香港。学校教授普通话和粤语，教科书来自渥太华、多伦多和中国香港。首要宗旨是为华人社区和对中文有兴趣的人士提供较正规的中文教育，并借此弘扬中国传统与文化。笔者于2010年对安大略省伦敦中文学校校长，就中文

---

① 英文为：Citizenship, Immigration and Multiculturalism, CIC。
② 英文为：Jason Kenney。

学校的发展和目前的状况,进行了访谈①。

萨斯喀彻温省②的里贾纳③是最早开设中文学校的地区之一。学校成立于1975年,为非牟利、非宗教性质,最初有一位校长和八位老师。学生年龄最小的4岁,最大的18岁,星期天下午授课。Heritage Language Curriculum Guide of the Deperbment of Parks, Recreation and Culture 是老师的补充教学材料,有时也播放录像增加学生的学习兴趣。教学资金36%来自联邦政府、27%来自省政府、37%来自当地各组织机构捐款,用于提供课本、学费等。学生交收的学费一学期20加元,教师每小时5~10加元④。

表 5-1　　　　　　　加拿大中文学校教育要览

授课时间	周六/周日
课程	包含语音、词汇、语法;文化元素,中国传统与习俗
经费	加拿大各省教育局
校舍	租用当地中小学教室
师资	以汉语为母语的中国人,受过高等教育;从事新闻、教育、理工、医学、金融等行业,在读硕士或博士研究生;以周末汉语学习为第二职业。教育背景、教学方法、教学效果参差不齐。有些省市,如温哥华、里贾纳等地提供教师的在职培训
课程	普通话、简体字、汉语拼音,取代繁体字和注音符号。也有粤语班,教授粤语口语和繁体字
教材	中国大陆、中国台湾、澳洲、北美、自编。暨南大学的《中文》由领馆侨办资助,赠送
课外活动	书法、绘画、舞蹈、中华才艺演讲比赛等
学习管理	各自为政,缺乏沟通交流,没有统一的大纲和教学目标

---

① 详细记录见附录六。
② 英文为:Saskatchewan。
③ 英文为:Regina。
④ Heritage language schools in regina: yesterday, today and tomorrow, published by Multilingual Association of Regina Researched and developed by Eleanor Bujea, and edited by a committee of the Multilingual Association of Regina, 1989.

❀ 多元文化语境中的汉语语音习得 ❀

中小学汉语教学比较成功的，要数埃德蒙顿（Edmonton）了。埃德蒙顿教育局有200多所学校，学生达到8万多人。几年前根据教育局的规定，每个学校的学生都必须掌握一门第二外语[1]。

中英双语教育在埃德蒙顿发展很快。小学50%的授课时间用中文，50%的授课时间用英文。到初中，中文授课时间降到0～5%，到高中时中文授课时间为5%。十二年级中英双语课程毕业的学生达到入读中文专业的水平。

教师中已有一些中英双语课程的毕业生。这些年轻的中文教师是土生土长的加拿大孩子。除了增加汉语课时，还改善语言教学法。例如，小学用汉语教数学、体育、健康卫生和美术课，到初中时用汉语教授数学和中国文化课程。这样可以让学生用汉语学习许多其他的课程，在这里他们的目的不仅仅是学习汉语，而是把汉语作为一种学习工具，另外还鼓励学生YCT、HSK考试[2]。

二 大学汉语教学[3]

在加拿大这样一个多元文化备受推崇的国家，大学汉语教学有其特殊性和复杂性。

首先，学生须学习多种其他语言。除了英语，加拿大学生在中小

---

[1] 掌握一门第二外语目标不仅仅是开设第二外语课，而且要使得这些受教育学生的外语达到一定的水平，且随着学生年级的增长，学生第二语言的应用能力也随着增长。教育局成立了国际语言证书测试中心，其语种包括法语、德语、西班牙语和汉语。乌克兰的证书考试也在筹备中。这些证书都是世界上承认的。用国际公认的语言教育测试机制能够使学生更加有信心地继续他们的外语学习，同时也使学生认识到第二语言的价值。加拿大沉浸式课程只有法语，这是加拿大联邦政府的规定。另外一个语言课程设置是双语教育体制，埃德蒙顿公立教育局中英双语教育课程现在大约有2000名学生。对于汉语作为第二外语的学生来讲，学生人数大概是800人。

[2] 资料来源于埃德蒙顿公立教育局。

[3] 北美大学汉语课程通常叫作中文课程。汉语教学发展到大学汉语这个层次，最早的有蒙特利尔大学。早在三四十年前，该大学就与中国教育部合作，中国定期向这所大学派驻汉语教师（崔建新，2005）。

第五章 加拿大多元文化语境与汉语教学

学必须修读法语,有些其他族裔的后代还在中学或大学修读西班牙语、意大利语、德语、希伯来语等。汉语顶多是他们的第三语言,甚至是第四、第五语言。多种语言的学习有助于智能发展,就汉语学习本身而言,第三语言的习得势必要与之前习得的多种语言之间发生相互的影响,而不只是和母语发生相互影响。

其次,非华裔学生与华裔学生混杂。目前华裔在加拿大的绝对人数和对其他族裔的相对比例,决定了在加拿大全国,特别是安大略和不列颠哥伦比亚两省,汉语课堂中的华裔学生占相当大的比数[1]。有些学校将学习汉语的学生分成两个大的组别:有中文背景的华裔学生为一组,从未接触过中文的学生为另一组。主要大学的中文课程将两类学生分开[2]:对有中文背景的华裔学生,侧重读写或中国文学的教学,而对后者则是听说读写并行。而华裔和非华裔学生在同一班学习汉语的情况还是非常普遍的。有些华人不太集中的城市,大学出于资源方面的考虑,人为地将两类学生合在一起,本人所任职的学校就是如此。另一种情况是,客观上很难将两类学生分开:有些非华裔学生曾游历中华各地,在中国台湾、中国香港、中国内地等地做过各种不同的学习交流,有一定的中文背景,而有些第二、第三代华裔学生,

---

[1] 华裔在加拿大生活的历史超过150年,目前加拿大华裔人口已经超过了120万人。加拿大统计局的数据显示(Statistics Canada, 2005),2009年加拿大接收的来自中国的移民超过2.5万人。除了英法两种官方语言外,说汉语人数在加拿大的排名逐年上升,1971年第七,1991年第二(仅次于意大利),2001年上升为第一,超过85万人,而当年的全国人口3000万人,占3%。多数华人居住在安大略(Ontario)和不列颠哥伦比亚(British Columbia)。1971年,37%加拿大华人在不列颠哥伦比亚,32%在安大略;1981年,安大略上升到40%,不列颠哥伦比亚35%,两省占加拿大华人总数的3/4。1991年,安大略46%,不列颠哥伦比亚31%,阿尔伯塔(Alberta)12%,魁北克(Quebac)7%,另外4%分散在其他各地。加拿大出生的华人,由1971年的12.46万人,增加到1991年的63.39万余人(Statistics Canada, 1994)。2006年的人口普查数据显示,华裔人口超过120万人(Statistics Canada, 2006)。

[2] 例如,多伦多、不列颠哥伦比亚等大学,学生使用不同的教材,教学内容和重点都有所不同。

却"放弃了家庭的语言文化信仰，被加拿大人同化"，反倒没有什么中文基础。因为人为或非人为的原因，华裔和非华裔学生混杂在一起，汉语这门"外语"对一些"老外"来说并非零起点，在加拿大这个多元语言与文化并重的国家，并非完全没有汉语学习和运用的环境。这一状况对汉语教学，特别是与汉语的成功习得势必有一定的联系。另一方面，与各种规范与不规范的汉语学生的混杂会对他们的语音或多或少地造成"污染"。

最后，文化的渗入及各种文化的影响。20世纪七八十年代盛行的交际语言教学（communicative language teaching），将语言融入社会环境中，语言教学和相关的文化元素结合起来，自然地渗透到语言教学中，对语言形式的关注转向对语言内容的关注，教学的主要目标也以运用为主。近一二十年发展起来的任务型语言教学（task-based language teaching），也以交际为导向，在教学活动中学习语言和文化。加拿大大学的汉语课本及课堂教学多将中国文化融入汉语教学，或是直接写在课文内容里，或结合课文另外编注相关的文化知识。语言和文化不可分割，将文化融于语言教学的长期过程中，省时省力，事半功倍。文化的渗入，学生对交际中语言运用的注重及其他文化的包容与接纳，在一定程度上促进了汉语语音习得。但文化交际和听说训练在有限的教学时间里取得怎样的平衡，是汉语课堂中面临的一个教学实际问题。

大学中文课为学校公共课程，学生考试及格可获得大学毕业所需的学分。

大学汉语（中文）课程跟中小学相比，比较规范，全国从东到西各主要学校的课程设置相似，教学法、教材也较一致。

表 5-2　　　　　　　　加拿大大学汉语课程要览

授课时数	80 小时/学年，1 学分
内容	综合汉语，包括听、说、读、写、文化元素。普通话、简体字、汉语拼音 华裔学生读写为主；方言区学生听说为主
课程设计	初级到高级四个年级，有些学校将华裔学生和非华裔学生分成两组。除了语言课，还开设用英语讲授的中国文学文化课，历史、政治、哲学、经济等，供学生选修，作为东亚/亚洲研究专业的/主修/副修课程。有些大学作为一门第二外语，要求修读并通过方可毕业
师资	以汉语为母语的中国人，在中国或海外持有高等教育文凭；有些非语言或中文科班出身
教材	主要来自中国大陆、加拿大、美国或中国台湾。常用的内地教材有《新实用汉语课本》（初级），《标准汉语教程》（初中级）、《实用汉语课本》（中级）、《今日汉语》等。北美研制的中文教材则以《中文听说读写》为代表，内容比较本土化，语言材料和实际生活结合紧密，有时代感
教学法	翻译法、交际法、听说法等，不尽相同。配合现代传媒技术，多媒体教学
课外活动	中国日等

三　多元文化对汉语语音教学的影响和促进

（一）多语与二语语音习得

一般来说，二语习得是指习得母语之外的一种外语，但很多时候，二语泛指除母语之外的任何一门外语，按照习得先后，就是第三、第四语言。汉语作为一门外语在加拿大的教学，多数是第三甚至第四语言。很多研究表明，学习者学习第三语言跟学习第二语言是有所不同的[1]。关于三语的研究近一二十年才开始兴起，大多集中在词汇语法结构等方面，语音研究还只是个新生儿[2]，而且只局限在少量的少数语种的研究上。

三语的特别之处，就在于在学习三语之前，学习者已经习得了 L2，积累了一定的外语学习经验和语言学知识。先前的语言经验和

---

[1] Cenoz 和 Jessner（2000）；de Angelis（2007）。
[2] de Angelis（2007）等提出了 models of multilingual speech production 多语的言语产生模式。

§ 多元文化语境中的汉语语音习得 §

知识都会对之后的语言学习有一定的影响,因而多语背景的汉语学习者会比单语(之前只会母语)的学习者有更丰富的语言学基础和学习能力[1]。二语学习者先前的学习经验一般只有一种语言即母语,而三语学习者则会与母语之外的其他多种语言互相作用[2]。

之前学习的语言在规则和结构上,对第三语的习得有着直接或间接的负面影响[3],当然也有积极的影响,特别是在学习策略和技巧上沿用了二语习得的方法,学习兴趣也比单语学习者维持得更为持久[4]。

学生的中介语语音虽然有一定的共性,但个性特征也非常明显,这是因为除了母语,还有其他早前学过的语言影响汉语语音,学生不同的语言背景,形成形式独特的中介语。尽管将母语语音结构迁移到目标语中是最常见的策略,但早于目标语习得的其他语言,自然也会迁移到后学的语言三语中来,特别是在语音初学阶段,可以说是一个策略[5]。对比分析理论,应该不只限于母语和二语之间的迁移,学生早于汉语之前习得的语言,语音的发音和规则都可能会对汉语语音习得产生影响。多语之间的迁移,是比较复杂的。不可否认,母语对三语的作用,似比二语对三语的作用大[6],但在二语和三语的相似项之

---

[1] 一般人,特别是持单语教育有优势这种观点的学者,认为学习者学习两种或以上的语言,每一种语言都是相对独立的系统,学习过程是独立的。但有研究表明,多语的学习,语言之间发生相互影响是常见的,所以他们学习 L2 和单独学习同样的语言是不同的。

[2] 这些之前的语言学习的经验和知识,运用到之后的语言语音习得之中。语言之间是怎样作用的,对 L3 的感知和发生又有怎样的影响?目前尚未清晰。L1 和 L2 对 L3 的影响是否等同?目前的研究,对多语语音之间影响及这些影响发生的条件,都极为有限。

[3] Ringbom(2001)发现,L1 瑞典语,L2 芬兰语,L3 英语的学习者,有从 L2 带来的负迁移。

[4] Ecke(2001)和 Vogel(1992)等发现,很多学习策略,是由 L2 中学习而来的,例如,字典的语用等。

[5] Hammarberg(1990)认为迁移可看作三种学习手段:(1)策略——学习者用来解决语音问题;(2)过程——习得必不可少;(3)方法——使用迁移获得目标语。

[6] Ringbom(1987)。

间的作用，对三语感知的影响，研究一般认为，会发生正迁移[1]，这和本书的研究和观察不谋而合。相比之下，三语学习者在语音感知和发音的清晰等方面，明显优于二语学习者，这有助于他们的语音习得[2]。

多种语言之间的影响也是受一定条件限制的。二语对三语的影响，一般只发生在三语习得初期[3]，而且是在 L2 仍处于活跃阶段[4]。

(二) 社会环境与汉语语音习得

1. 语音学习和社会环境因素关系密切

很多研究力图求证年龄对口音/语音习得的影响，儿童比成年人在二语语音习得上更成功，常常忽略了社会文化因素对二语习得所产生的作用，因为它不像儿童和成年的对比明显，容易引起研究者的注意。语言学习和社会环境有很大的关系，语音习得既是语言学的，又是社会学的[5]。学习者在目标语学习环境中，更容易习得标准语音，积极的态度和语音习得有正相关，因为听者的反应是对语音的直接反馈，这与文化环境有关[6]。在校学生可能没有太多的机会融入目标语环境，但成人学习者，特别是在目标语环境中生活的成年学习者，如果他们争取的话却有相当多的机会自然习得，这对语音习得至关重要。加拿大华人社区不断扩大，政策上对少数民族语言文化的尊重和推崇，为汉语语音习得营造了良好的环境和条件。

---

[1] Cenoz (2005), Ecke (2001), Fouser (2001).

[2] 多语的语言环境，涵盖了多种语言之间的相互干扰、迁移、替代等 (Sharwood Smith & Kellerman, 1986)。

[3] Hammarberg (2005).

[4] 另一个很有意思的课题，是多语者的外语水平跟相互之间的影响有什么样的关系。这方面的研究笔者没有发现。

[5] Smit 和 Dalton-Puffer (1997) 发现，准确的语音能够增强学习动机，提高学习效能。

[6] Cunningham-Anderson (1997); Eisenstein, 1983)。学习者希望自己的语音标准，能够很大程度地被目标语的社群接受，这一点目前没有研究可以充分证实。

另外，口音也是区分社会种族和阶层的明显标志①，学习者的口音的习得过程因此也可以认为是对自己社会身份的建塑。学习一种新的语言，不只是语言规则语音音素等，目标语社群的行为和各种规范都要学习。

2. 加拿大社会环境与汉语语音习得

社会环境中的文化渗透能帮助语言学习者在特定的文化中使用该语言。在口语教学中，除了词汇和句型，学习者必须了解和学习使用该语言进行口语交际的各种规则，例如，怎样介绍自己，如何表示礼貌和感谢等。学习中文，学习者要知道和人打招呼时，"你好""您好"所使用的场合和适用的对象，如此等等②。地道的语言要体现地道的文化；沉浸在地道的文化氛围中才能生成地道的语音。

学习汉语的加拿大学生，虽然不能像双语儿童因为特别的家庭环境或社会环境，在早年自然习得两种语言，但加拿大多种文化共存，对不同族裔文化的理解和尊重，为加拿大学习者营造了良好的氛围。学生对交际中语言运用的注重及其他文化的包容与接纳，在一定程度上促进了汉语习得，他们获得双语语音是可能的。

近几年中文电视台、中文报纸的大量涌现，为加拿大的汉语学生提供了绝佳的条件。在主要城市，均有相当数量的中文报纸。全国性的有《星岛日报》《明报》和《世界日报》。此外还有许多地方性的免费派发的中文小报，如多伦多的《北辰时报》《环球华报（加东版）》《加中时报》《北美生活报》《信报财经周刊》《健康时报》等。

---

① 例如，Labov (1972); Scherer 和 Giles (1979) 等。
② 学习一种语言，了解和接受它所代表的文化是必要的，并在交际行为中有所体现，换言之，语言是在特定的文化氛围中使用的，广义来说，语言本身也是文化的一部分。例如，学习法语，和说法语的人接触，须了解他们的习俗，他们不随便和一般的朋友串门，即便是在加拿大，却跟北美人的"门户开放"的交际方式大相径庭，也跟中国人之间的邻里亲朋之间的走动截然不同。文化上的理解、包容是学好语言的前提，也为学习者提供更多学习的机会。

温哥华的特有中文报纸则有《加拿大都市报》《大华商报》《买卖报》等。

华人人口约 2 万人的伦敦市，也有《红枫林》(*The Red Maple Journal*)、《伦敦大众时报》(*London Chinese Press*)、《伦敦新生活》(*London Chinese Post*) 等三种中文报纸。其中《红枫林》每月出版两期，每期 32 版，内容包括加拿大、安大略省和伦敦及附近区域的新闻、中国文化介绍、加拿大政治与社会风情、加拿大生活、各类广告等，图文并茂，颇能吸引读者。《伦敦大众时报》为月报，同样是每期 32 版，内容基本上与《红枫林》类似，但其生活常识，特别是华人在加拿大生活需要注意的事项，占有相当大的篇幅，总体来说可读性非常强[①]。

2007 年新年，加拿大中文电视台（www.ccetv.ca）正式开通。该电视台开设新闻、生活、教育、地产、资讯、音频世界等六个频道，内容涵盖了在加拿大华人生活的各个方面。在节目内容上，突出网络电视的特点，注重内容的实用性、针对性、专业性，颇受观众喜爱。

新时代电视（Fairchild Television）虽是一个粤语的收费电视频道，但也时常播放普通话的节目。

城市电视台是一个多元文化频道，隶属于加拿大新时代传媒集团，于 1993 年在温哥华开播，对母语为普通话的华裔移民提供影视节目服务。2001 年起，该电视台将其讯号覆盖范围由温哥华地区扩展到全加各地。先通过有线电视及卫星电视向全加拿大播出节目。每

---

① 所有这些中文报纸都会摆放在城市中的各大商店门口，以便有兴趣的读者取阅。不但华人超市或商店的门前有大量中文报纸供应，在非华人的商店也处处可以很方便地找到它们。这些无疑对想学中文的加拿大人提供了极大的便利。

星期7天，每天24小时的广播，其中普通话节目播出20小时，越南语与韩语节目各播出2小时。该电视台的节目类型涵盖新闻、资讯、娱乐、戏曲等四大范畴，并兼顾妇女、儿童及老年人的口味。除了采用来自中国大陆和中国台湾的节目外，该台也积极制作本地的节目，针对新移民的现实需要，内容包括投资理财、生活教育、休闲娱乐、健身运动、时事座谈，颇受新移民的欢迎。

此外，中央电视台的各类节目也可以通过付费而得以收看。只要交上一定的费用，就可以收看中央电视台所播放的所有节目。

除电视台以外，加拿大还有中文电台。主要有加拿大中文电台（Fairchild Radio）。这是加拿大新时代传媒集团下的一系列电台，主要以粤语和普通话进行广播。在多伦多、温哥华和卡尔加里等大城市设有站台。

不但如此，加拿大的华人居住环境现在也发生了很大的变化。过去的华人移民，因为经济条件的限制，外加语言沟通上的障碍，往往与加拿大本土人士分开，喜欢集中在唐人街一些中国人集中的地方。在过去几十年里，这种情况快速发生变化。现在越来越多的华人移民，都是具有较高文化水准的人士，他们在加拿大越来越多地与本地人居住在同一个社区或小区，也越来越愿意与本地人交往。这样混合居住、经常交往的结果无疑会对一些本土人学习汉语产生积极影响。

(三) 汉语课堂教学环境

休伦学院 CFL（Chinese as Foreign Language） 课堂中主要有两类学生，一类是母语为英语的学生[①]，另一类是华裔子女，出身于加拿大华裔家庭的学生。两类学生学习汉语的方式和目的各有不同，有些

---

① 母语若是双语，其中一个是英语。

两类学生混杂一起①,用同样的教材,同样的老师。此外,还与其他各种族或方言区的学生混杂。针对不同的对象,教学要采用不同的策略。学生大致可分为七类,见表 5-3。华裔学生在学习上有明显优势,表现在以下几个方面:

(1) 基础/起点较高。

(2) 有更多机会听、说、读汉语,和家人、朋友②娱乐。

(3) 有口音,方言口音或英语口音。

表 5-3　　　　　　　　学习汉语学生组成

	学生背景	教学重点
1. 第二代华裔	中国出生,父辈说汉语,幼年随父母移民加拿大	读、写为主,听、说兼顾
2. 第二代华裔	加拿大出生,父辈至少一方说汉语,从没在中国生活过	听、说、读、写
3. 第三代华裔	加拿大出生,父辈不说汉语,从没在中国生活过	听、说、读、写
4. 中国香港后裔	加拿大或中国香港出生,父母至少一方说粤语,幼年随父母移民加拿大③	听、说、读、写,听、说为主
5. 韩国后裔	加拿大或韩国出生,父母至少一方说韩语,幼年随父母移民加拿大④	有读写基础,听、说、读、写
6. 加拿大学生	加拿大出生,略有汉语背景,曾在中国生活过或学习过⑤	听、说、读、写
7. 加拿大学生	加拿大出生,没有汉语背景,从没在中国生活过	听、说、读、写

---

① 休伦学院中文基础课有四个年级,除一年级外,二年级、三年级、四年级均不分班,华裔学生和本地学生混杂。

② 华裔学生结交的朋友大多为华裔。

③ 中国香港出生的学生。

④ 若在韩国出生。

⑤ 6 个月至 5 年不等。

表 5-4　　　　　各组学生课后使用中文情况（%）

	1	2	3	4	5	6	7
说中文							
每天	56	51	9	46	3	12	3
经常	24	27	17	29	21	23	26
有时	13	21	41	21	64	52	49
从不	7	1	33	4	12	13	22
看中文电视							
每天	61	52	6	66	12	5	2
经常	25	23	17	23	26	32	19
有时	10	17	67	9	41	57	46
从不	4	8	10	2	21	6	33
听/唱中文歌							
每天	69	63	5	71	10	21	6
经常	31	26	22	22	61	42	39
有时	0	11	61	7	29	30	32
从不	0	0	12	0	0	7	23
读中文报纸							
每天	6	0	0	9	0	0	0
经常	17	11	3	26	7	3	0
有时	10	22	17	51	12	12	11
从不	67	67	80	14	81	85	89
用中文写电邮/短信							
每天	34	23	4	31	5	2	0
经常	21	37	12	23	26	29	21
有时	39	31	13	32	45	23	32
从不	6	9	71	14	24	46	47

过去五年学生入学时和离校时的汉语语音水平都在逐年提高。

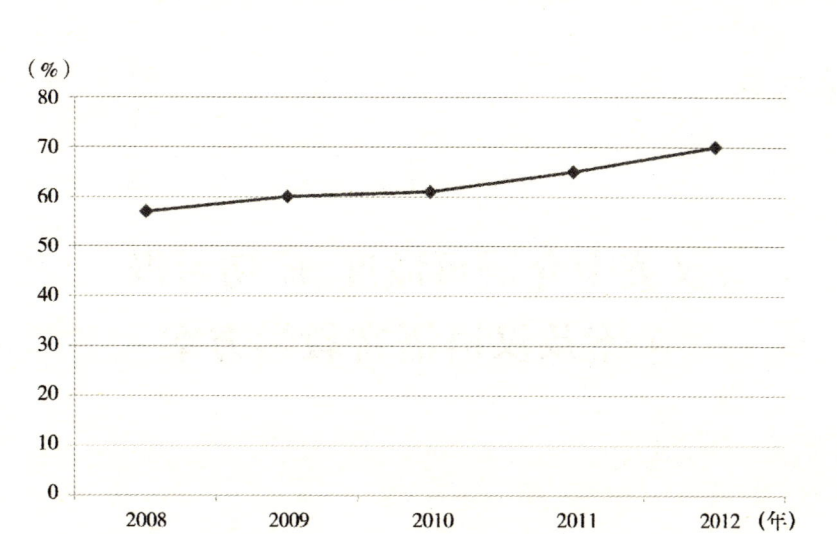

图5-1 过去五年一年级学生汉语语音评估结果

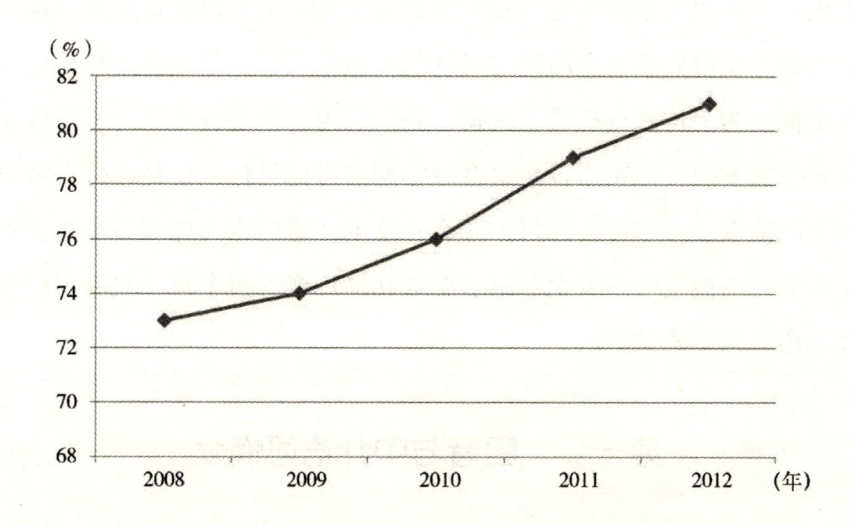

图5-2 过去五年三年级学生汉语语音评估结果

第六章

汉英中介语可懂度、成功习得个案及汉语语音教学方案

　　很多研究持有这样的观点，就是认为习得完美的二语语音很难，对成年人来说几乎不可能，在实际交际中纯正的二语语音也不一定是必要的。全世界那么多的带有口音的外语学习者，都能够很顺畅地与人交流，为上述观点提供了论据。我们认为二语语音习得与教学应得到足够的重视，纯正语音是语音教学和习得的目标，也是进行有效口语交际的保证。本章首先讨论什么程度的二语口音，能够不影响正常交际而可以被接受。其次考察一个成功的语音习得个案，然后探讨有效的语音课堂教学方法。

第一节　口音与中介语可懂度

一　口音与可懂度

　　语音可以说有无数个变体，没有哪两个人把同一个字、同一个词、同一个句子说得一模一样。即便是同一个人，在不同时候会有不同的语音。二语学习者一个最重要的目标，是让人明白和接受自己。什么是口音？目前没有一个明确的定义，但口音显然存在，而且长期以来

第六章　汉英中介语可懂度、成功习得个案及汉语语音教学方案

备受语音教师和研究者的关注。Greene 和 Wells（1927）在20世纪初对口音做了这样的描述：口音，源于不正确、不完美、有瑕疵的言语。有口音和有明显的口音，有着程度上的差异。那么，多重的口音会影响到正常交际，这是语音教学所关心的。全球很多带有口音的外语学习者，都能够很顺畅地与人交流，有些研究甚至发现，口音重的并不一定可懂度就低，更何况口音的轻与重，常常也没有一道明确的界限可以将两者划分开来。口音怎样影响可懂度，两者是否有一定的相关性？哪些口音不影响理解，无伤大雅，可以接受；哪些是不可理解的？上述这些问题在二语中介语可懂度的研究中都悬而未决。

"可懂"意味着明了、清晰。两种语言形式之间的"清晰""明了"有着程度的差别，可懂度是这种差别的体现。从社会语言学角度来看，可懂度是两种语言之间的一种属性，这种属性表现为说一种语言的人不需要特意学习或付出额外努力就能够明白另一种语言[①]。

我们采用 Schiavetti 对可懂度的界定，即可懂度反映听者对交际对方输出信息的听辨和反应程度，它的值介于1（听者对所有信息都能准确地回应，可懂度为100%）和0（听者完全不能对说话人的言语做出正确的回应，可懂度为0）之间[②]。在完美（100%）与零界（0）之间，可懂度是一个可以量化的连续体。

国内外学者对可懂度的定义、测试和计算方法等方面看法不完全一致，但目前为止的研究达成了以下共识：

[①] 可懂度是听者对说话内容理解的程度（Munro Derwing，1995a）。Clatfore（1950）认为可懂度只是对"有效"的话语而言，"有效"与否要通过听者对讲者的意思所作出的反应来判断，也就是听话人必须理解说话人的意图；Kenworthy（1987）则以特定语境、特定时间听者对某个讲者听辨的词语的多寡定义可懂度的高低：听者能够听辨的词语越多，表明这个说话人的可懂度越高。Smith（1992）将上述两派观点以理解度和可懂度加以区分，他认为这两个概念在话语的听辨和理解上有着肤浅和深入的差别：可懂度是对词语/话语的识辨，理解度是对词语/话语的理解。

[②] Schiavetti（1992）.

（1）可懂度并非一个可以用有和无来区分的概念，它是一个连续体。对某种语言形式的可懂度，只能用程度来表达。

（2）两种语言之间的互懂度未必是对称的，说语言 A 的人理解语言 B 比说语言 B 理解语言 A 的人更好；反之亦有可能。

二　口音、可懂度与语音教学的关系

在怎样的情形下，口语交际中产生的误解是由语音造成的，目前还不清楚，迄今为止研究没有发现哪些方面的因素导致口音的形成而降低可懂度。口音和言语可懂度的研究还有很多未解之谜，而二语语音的教学和测试，都离不开口音和可懂度，即便把教学重点放在交际能力，教师也需要了解哪些语音要素对交际有直接的影响。在汉语教学中的时间安排非常重要，除了句型操练，阅读理解等"优先"环节，还要兼顾语音教学，把语音教学的重点放在那些对可懂度的提高有作用的语音要素方面，而这些语音要素都是可以教授的。研究表明，中介语可懂度跟教学法有着密切的关系。在语言交际中，可懂度亦是关键的因素[①]。

目前对二语中介语可懂度的研究还处在初级阶段。没有哪些特别确定的因素一定或一定不会对二语语音教学产生影响。但有一个发现，也许不难证实，就是"差异"。二语学习者的语音和说母语者有着明显的差异，尽管有些仍是可以理解的。二语学习者不能被别人理解，有些是因为不能让这种"差异"变得更小。显而易见的是，减轻口音，是提高汉语交际能力的一个重要方面，然而这一点在课堂教学中却没有引起足够的重视。教学中我们可以针对造成交际障碍的音素，在学习难点和学生偏误中，找出一些影响可懂度的问题重点教

---

① Subtelny（1977）认为，可懂度是口语交际中唯一最重要的因素。Pennington（1996）认为它是语音教学最终极的目标。

授,提高可懂度和交际水平。

三 可懂度测试方法

以往对可懂度的研究大多是测试正常和障碍人士的可懂度。二语的可懂度研究和测试还处在初期阶段,研究数量远远不如前者。Lane（1963）测试了有口音的 L2 在安静和有噪音干扰情况下的可懂度。Smith & Bisazza（1982）用标准化测试,让 L2 学习者大声朗读句子和段落,听着要对听到的内容进行事先设计好的图片选择和多项选择。Perlmutter 1989 让听者归纳所听到的内容。Munro & Derwing 让 L1 和非 L1 的讲者朗读句子,让听者判断"对"与"错"①。目前的语言测试,包括如汉语水平考试口试,考核项目只针对谈话内容和句法方面,对语音都没有特别的要求。

对可懂度的测试没有一套确定的方法,也没有哪一种测试方法堪称完善的,能够全面地对可懂度进行精确地测试。每种方法都各有利弊,具体用哪一种方法,取决于测试材料及研究目的。

四 测试对象

（一）讲者:初级、中级、高级班的学生各 6 个（3 男 3 女）,他们都有不同程度的口音,有的明显,有的甚至很重。

（二）听者 L1 组:10 个来自中国大陆的说标准汉语的留学生（5 男 5 女）,听觉正常。

（三）听者 L2 组:6 个汉语高级班的学生（3 男 3 女）,听觉正常②。

---

① Fayer Krasinski（1987）设计了评级方法,这个方法没有被广泛运用,因为听者可能并没有真正听懂,却对说话内容给予较高的评级。Munro（1998）发现,13% 的情况下,听者认为他们听懂却实际上没有听懂而造成测试误差。

② 一般认为可懂度是本土人对第二语言习得者进行的语言听觉辨析。本节对可懂度的考察和测试,不只测试 L1 对 L2 讲着的可懂度,还测试 L2 学习者之间的可懂度。

五　测试步骤

（一）没有测试经验的人做听者①，记录他们对每位说话人言语的反应②。他们要对口音和可懂度进行评级，分别是，口音：1 = 没有口音，9 = 口音很重；可懂度：1 = 非常容易懂，9 = 非常难懂/完全听不懂。

（二）听者分两组，一组母语为汉语，另一组为二语习得者③。

（三）讲者在测试前，有时间查字典，或向测试员询问问题。待他们准备好后开始录音。

（四）对测试录音进行分析，从测试中出现的偏误，分析哪些口音/偏误对正常交际产生的影响最大④。重点考察习得难点因素，包括舌尖后音 zh、ch、sh、r；舌面音 j、q、x；单韵母 ü；声调。

六　测试结果

（一）被测试者表现出明显的口音。16位测试员对各年级学生口音的评级显示，绝大部分学生都有明显的口音，甚至口音很重。只有一个学生没有口音。

---

① 测试员一般对测试内容比较熟悉，所以测试时的可懂度对有经验的测试员，与实际交际中未经训练的听者，两者还是有一定的差别的。汉语老师或测试员熟悉测试材料，熟悉语音难点，因此对他们"可懂"的，对那些不熟悉测试材料的听者来说未必"可懂"。这也是为什么有经验的测试员一般不会选为可懂度研究的听者。
② 本书采用 Gass & Varonis（1984）的方法，让听者写下他们听到的句子，同时对可懂度进行 1~9 级评级。
③ 不只测 L1 对 L2 讲者的可懂度，还应该测 L2 学习者之间的可懂度。早在30年前，Smith and bisazza（1982），就已经注意到 L2 学习者对其他 L2 学习者的可懂度问题。这样的研究在当今，在加拿大社会显得更有必要。因为学习汉语的人越来越多，很多时候学习者之间互相交流，这个趋势越来越明显。
④ 本书采用仪器测试和人耳听觉两者兼用的方法，仪器所测出的口音上的差别，有时人耳却是能接受的。

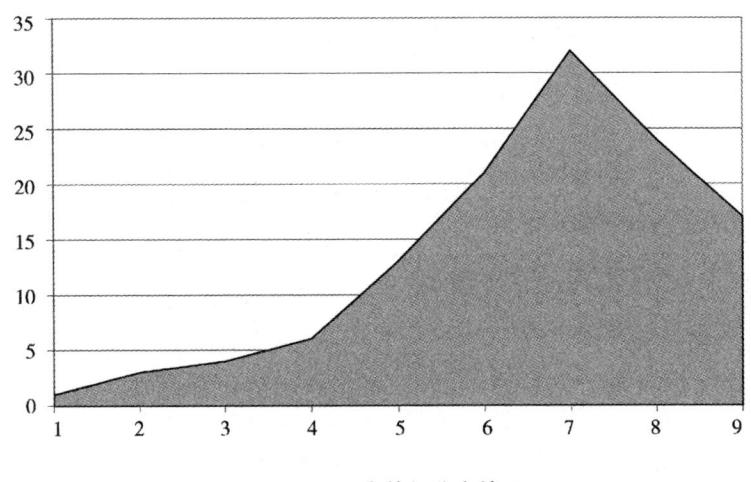

图 6-1 口音等级分布情况

（二）大部分被测试者可懂度较高，只有极少数很难懂。16 位测试员对各年级学生可懂度的评级显示，绝大部分学生虽然有明显的口音，甚至口音很重，但仍有较高的可懂度。说明大部分口音或语音偏误不影响可懂度。

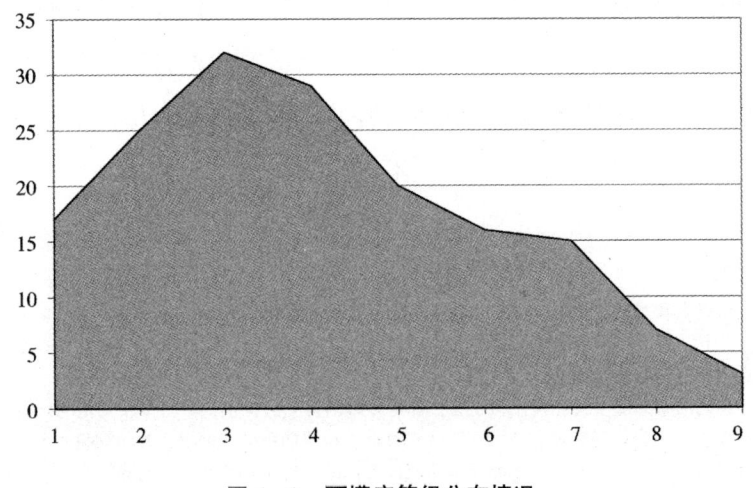

图 6-2 可懂度等级分布情况

(三) 对交际可懂度影响最大的音素：声调。

诸多习得难点，包括韵母 ü，声母 zh、ch、sh 和 j、q、x，对可懂度影响不大，在一定的语境中比较容易辨别，因此不大影响口语交际。包括清塞音声母，元音的不同情况下的变体等，都不会造成太大的影响。例如，/b/发音时声带振动，或/ɑo/的舌位较低，口型较大等，都不至于出现理解上的问题。对交际影响较大的（如果不是唯一的）是声调。声调会引起很大的歧义、误解，甚至闹出笑话。例如：

这个女孩是我们的校花。	校花→笑话
半价你要吗？	半价→搬家
她很快出嫁了。	出嫁→出家
我很爱吃李子。	李子→栗子

(四) 可懂度跟听者也有关。

很多时候讲到可懂度，便把所有问题都归结到学习者头上[1]。然而，可懂度低，还有可能是听者对语言背景或内容不熟悉造成的，因此不能把所有理解问题都推到二语学习者身上。口音不是影响可懂度的唯一因素，听者的教育、语言背景、对材料的熟悉程度等，都可能影响可懂度。我们应把口音作为语言的一种变体来对待，就像汉语有很多方言一样，没有高低之分，不能歧视[2]。

---

[1] 说话人和对话者面对面交流时是会产生互动的。如果对方缺乏背景知识，产生理解困难的时候，说话人总是尽可能说得清楚，语速也适当放慢。相反，当听话人了解相关的背景知识时，说话人就会尽量讲得简短。

[2] 移民国家如加拿大、澳大利亚等，都对多种语言立法保护，对语言和文化的歧视或不平等对待甚至会惹上官司等麻烦。公司不能区别对待有口音的职员，护士、教师等职业人士需要跟他们的客户进行有效的沟通，但不能要求他们没有口音。曾有加拿大中学老师因为口音不能和学生沟通被解雇（Mirek Gajecki v. Board of Trustees, School District, No. 36, Surrey, 1990），引起很大反响。

(五) 同一母语的学习者之间互懂度较高①。

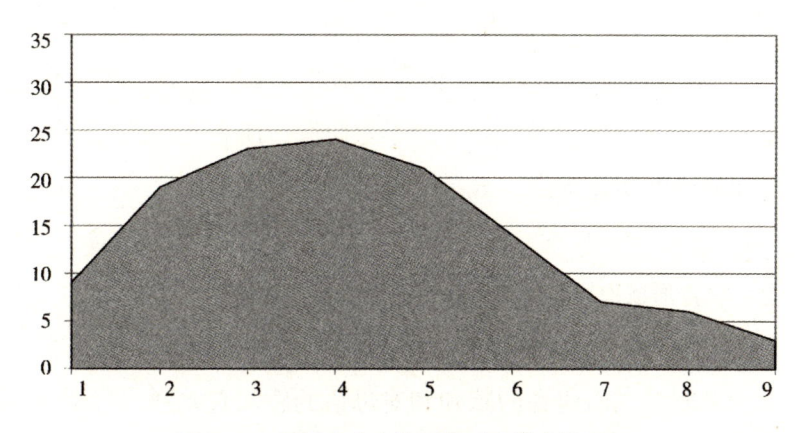

图 6-3　母语为中文的听者对可懂度的评级

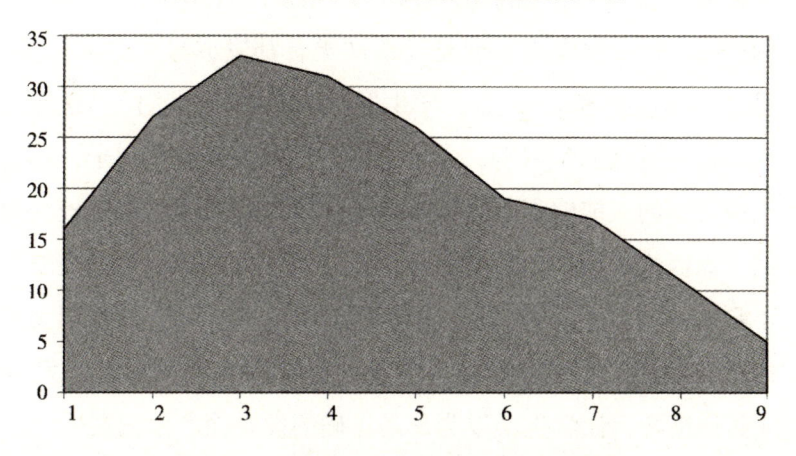

图 6-4　母语为英语的听者对可懂度的评级

---

① 前人的研究发现，对 L1 讲者的可懂度，L1 的听者明显高于 L2 听者，特别在有噪音干扰的环境中（Munro, 1998; Munro and Derwing, 1995）。然而，对于 L2 的听话人，L1 说话人的话和 L2 的话哪个更容易懂，研究结果并不明确。Nash（1969）基于随意的观察，一个母语为非英语的人说英语，说英语的人听不懂，而他在与其他母语为非英语的交谈却没有问题。Smith and Rafqzad（1979）为这一论点提供了实验证据。实验中，母语为英语的人，和一些各种语言背景的母语为非英语的人，各自选了一段英文段落录音。听话人来自不同语言背景，包括母语为英语的人，对他们进行填空测验，让他们对段落中被抽出的字词填空。结果发现 L1 为非英语的人对 L1 为英语的人的可懂度一样，或低于 L1 为非英语的人的可懂度。然而，听者和讲者如果母语相同，并不一定是可懂度最高的一组。可惜的是，在这项实验中，录音人所选用的段落各自不同，而且难度差别很大，试验同时显示难度和可懂度呈正相关。它们之间的相关性说明，人们观察到的可懂度，可能与语料的难度有关。

（六）对语法结构和词汇的熟悉程度，及对此所做的猜测，影响可懂度。

（七）口音不会自动消除，语音教学的首要目标是让汉语学习者的语音可懂。学生从初级到高级的学习阶段，所表现出的可懂度随着学习时间的增加明显提高。规范的课堂教学是必要的。

七　口音形成原因

目前人们对二语语音的研究普遍认为，语音问题主要来自于感知。学生可能对二语语音的感知和对母语的感知有差别。特别是当汉语语音和英语相似时，困难出现了，这导致两种结果：一是母语迁移，例如将声母 z 发成 ds；或是汉语两类音都发成母语的某一类音。如声母 zh、ch、sh 和 j、q、x，学生发成 [dʒ] [tʃ] [ʃ]。这导致过了语言习得关键期的学习者，无论是语音片段或是整个句子，都会有口音。说母语的人能够很容易地从一班人中辨别出哪些人是较晚习得汉语的，原因之一就是他们对目标语语音系统的感知和意识较弱[1]。

不是所有的口音都因为感知的问题。有些音，学生只是因为不知道它的正确发音，如韵母 ü 或声母 zh，教师因为错误示范，发成 ru 和 z 或其他错音，让学生误以为那是正确的发音而产生偏误[2]。

当然还有的学生，是能够感知，也知道正确的发音，但却发不出正确的音。

---

[1] 对绝大多数较晚（迟于关键期）习得的学习者来说，他们对目标语语音的意识与操母语者是不同的。比如日本学习者对英语辅音 [l] 的感知。不同的对象，使用不同的测试材料和方法，很多研究得到的结果是共同的：绝大多数日本英语学习者不能分辨英语的两个辅音 [r] 和 [l]（e.g., Miyawaki et al. 1975; MacKain et al. 1981; Yamada 1995），对母语是日语的英语学习者来说，这两个辅音没有区别。这跟母语为英语的儿童作为 L1 初学这两个辅音，对它们的听辨结果有很大的出入。

[2] 加拿大是一个移民国家，学汉语的学生可能会和来自其他国家的学生一起学习或使用汉语。规范的课堂语音教学和示范很重要。

第六章　汉英中介语可懂度、成功习得个案及汉语语音教学方案

第二节　汉语语音成功习得个案

虽然很多学者和语言学家深信，成年人说外语"不可能说得像本国人一样的纯正"①。年龄越大，学习一门外语或方言，口音越重；年龄越小则越不明显，而儿童学习第一语言，一般没有口音。语言学习关键期假说认为，成年以后学习外语，不可能获得跟自己母语一样的外语语音，"就像鸟儿学习鸣叫与飞翔，必须在一定的成长阶段之内完成"②。人类的语言习得关键期什么时候结束还没有定论，但普遍认为是在10~12岁。

笔者在加拿大的多年汉语教学实践中，培养出了说汉语说得字正腔圆的学生。他们开始学习汉语的年龄都超过了"关键期"。虽然"乡音难改"的是大多数，可个别学生成功了。超过"关键期"年龄的成年人能够成功习得跟母语一样的汉语语音，这一观察引发了我们对语言学习关键期假说的关注和重新审视。提出这一研究课题，是要探讨成年人如何能克服年龄的限制、母语的负迁移等不利因素，而成功习得汉语语音。

另外，有研究表明，成年人学习语音并非全无优势。儿童的语音习得需要一个漫长的过程，他们学习第一语言的元音至少需要6个月甚至更久③。相比之下，成年人在这方面则有明显优势。

本节对两个成功习得汉语语音的学生进行个案研究，建立他们在

---

① Scovel, 1969.
② Bloom, 1991.
③ Kuhl et al.（1992）研究证明英语为母语的儿童学习辅音，是在6~12岁年龄之间从缺陷逐渐完善的，准确度并不如成年人（Hazan & Barret, 2000）。说普通话儿童习得语音，有些音位如［s］，需要很长时间才能稳定、习得下来，也就是说儿童从能够发出一个音到能发准发好一个音要经过很长时间（姜涛等，2000）。

校学习汉语的三年档案，目的是找出他们获得成功的共同特征①。研究分三部分进行：问卷、语音测试和非正式谈话。主要了解他们的语言背景，所受教育，学习态度和动机，学习策略，遇到的困难及解决的办法等。

一　两位成功学生的学习档案

学生甲：艾龙

（一）语言背景

加拿大出生，母语是英语、西班牙语双语。母亲说英语，父亲说西班牙语，但也说一口流利的英语。他自小双语，自记事开始就说双语。小学四年级开始在学校学习法语，曾去魁北克参加过暑期沉浸课程。大学一年级交了一位中国女朋友，开始学习中文。大二在休伦学院学习汉语，学习汉语拼音，汉字，认读汉语，用汉语写短文等。

我以为我的中文没有基础，不会学得太好，在大学期间也没有太多时间学习。但老师鼓励我学习，考试也考得不错，这增强了我学习的信心和动力。慢慢我开始喜欢中文，最初是因为女朋友，后来不是了。当然我女朋友也帮了我很多，所以我的中文成绩很好。我毕业后希望能和女朋友去中国。

（二）所受教育

在加拿大安大略省读小学一至六年级，初中七至八年级，高中九至十二年级。高中毕业工作两年之后入读西安大略大学，主修语言学。

（三）学习汉语时间

大学二年级开始，读到四年级，共3年。修读过二至四年级初级汉语课程，以及2门中国文化课程（英文教授）。

---

① 两位学生的名字不是他们的本名。

第六章 汉英中介语可懂度、成功习得个案及汉语语音教学方案

（四）学习态度和动机

有很多中国朋友，常参加中国学生组织的活动和学校中国日活动。爱看中国电影，听中国歌曲，曾在中国日活动中担任主持。

（五）使用母语和目标语情况[①]

学前主要是西班牙语和英语双语。小学到中学阶段英语为主，在家里和公共场合说英语，很少使用西班牙语，只有在回父亲家探亲或和说西班牙语的家人见面时才说西班牙语。大学以后英语和西班牙语都明显减少，和女朋友及中国朋友都说汉语。

西班牙语、英语、汉语的使用情况大致是：

	0~6岁	7~12岁	13~18岁	19~24岁
西班牙语		渐少		
英语				渐少
汉语				渐多

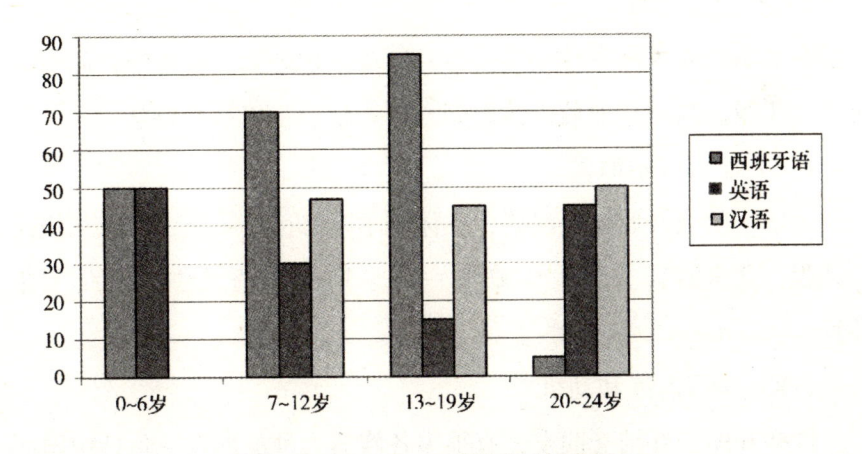

图 6-5 艾龙 0~24 岁的语言使用情况

---

① Flege 等人（1997）对移民加拿大的意大利人的研究发现，意大利语说得越多，说英语的口音越重。

学生乙：乐音

（一）语言背景

加拿大出生，母语是英语。就读法语学校，在校期间学习了西班牙语、意大利语等第二语言[①]。曾去法国沉浸学习。大一开始在休伦学院学习汉语，学习汉语拼音，汉字，认读汉语，用汉语写短文等。大二结束后，大三第二学期参加了交换学生项目，在北京语言文化大学学习了一个学期汉语。大学毕业后拿到中国政府提供的奖学金去南京大学读了一年汉语。大学一年级期间交了一位越南朋友。

我以为中文会很难，它跟英语和法语很不同。开始我的语法很不好，但拼音很好，老师说我的发音很好，逐渐我开始对中文产生兴趣，信心也比刚开始大了许多。我很喜欢，也很愿意接受其他国家的文化。中国饭很好吃。

（二）所受教育

在加拿大安大略省读小学一至六年级，初中七、八年级，高中九至十二年级。高中毕业后入读西安大略大学，主修社会科学。

（三）学习汉语时间

大学一年级开始学习汉语，在休伦学院修读过一至二年级初级汉语课程，北京语言文化大学修读一个学期的汉语及中国文化密集课程。

（四）学习态度和动机

性格开朗，好结交朋友，有很多各族裔人种的朋友，包括中国朋友，常参加中国学生组织的活动，和学校中国日活动。喜欢说中文，

[①] 加拿大大多数公立学校提供法语学校，主要科目如历史、地理、科学等，都以法语授课。少数私立学校和学前班也有法语学校。

觉得中文很好听，感觉用中文能够很好地表达自己。爱看中国电影，喜欢中国饮食，在北京和南京读书期间，游览了中国主要城市，学习和了解了很多中国文化和风俗，还能说一些南京方言。对语言文化有浓厚的兴趣，语言天分极高。

（五）使用母语和目标语情况

学前说英语。小学到中学阶段法语为学校教学语言，在家里和公共场合说英语。大学以后英语和法语都明显减少，和中国朋友说汉语。从北京学习回来，仍然通过网络电话等保持联系，使用中文。

法语、英语、汉语的使用情况大致是：

	0~6岁	7~12岁	13~18岁	19~24岁
法语				渐少
英语		渐少		
汉语				渐多

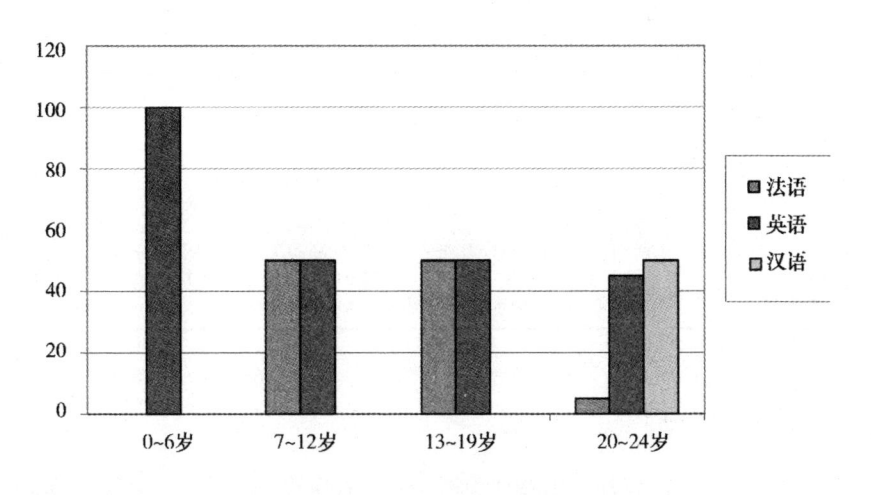

图6-6 乐音0~24岁的语言使用情况

二 问卷调查结果

表6-1就两位成功汉语语音学习者的共同点做了归纳。

表6-1　　两位语音习得成功学生课堂教学与师生互动

调查时间跨度	3年
学习目标	流利纯正
学习态度	自信，积极，进取，不怕出错
课程大纲	加拿大（北美）没有统一的课程大纲，教材，教学时数都有教授决定
教学内容	听说读写，中国文化常识。对一年级的初学者，主要是语音教学。二年级是语音+句法，三年级是听说为主
授课形式	每周2次，每次2小时。其中每周1次1小时在语言实验室内教学
教师	教授1~4年级汉语，并参与组织学生校内课堂内外的教学，文化和中国日等课外活动
教学理念	教学相长。语音教学是汉语教学的基础，是良好交际的前提。可以避免产生误解，提高交际自信
教材	中文听说读写（课本和练习册），另外还设计一些练习和小考
教学环境	24人以内的小班教学，华裔及各族裔学生混杂
教学活动	读、写、记、背，反复练习拼音，句型等
课堂学习态度	对每次课堂学习都非常认真，积极发言并参与课堂活动，配合老师教学，和其他学生合作良好
师生互动	老师讲、学生听，互动良好。没有助教
特点	思维活跃，很有创意，对多媒体和咨询科技很擅长
课外活动	参加很多中国学生联谊会组织的活动，结交中国朋友，参加他们的各种娱乐活动，如卡拉OK、社交活动、中文聊天等，并在中国日的文艺表演中演出节目/主持。其中一位（艾龙）2010年参加了汉语桥比赛，拿到多伦多领区的第三名，被推荐去中国观摩汉语桥决赛

调查还发现：

（1）该学生在学习过程中对中国文化和语言产生了浓厚的兴趣，萌发了研究语言的念头。

（2）在较早的西班牙语、意大利语、法语等二语习得中，建立了一套学习方法，并运用于汉语学习中。例如，他朗读和背诵课文和对话，背默生词，练习发音等。

（3）调查对象尽可能让自己融入中国人的环境中[①]。

（4）第四章对一至三年级学生学习难点的调查发现，对大多数学生而言，随着学习时间的增加，影响可懂度的声调并没有得到明显的改善，在高年级出现"化石化"现象。本节对成功习得个案的研究了解到，"化石化"在两位成功学习者中没有出现，他们在较早的时候就克服了汉语声调等难点。

三 语音测试结果

对汉语语音习得难点分阶段进行测试。

表6-2　六个学期（三学年）语音难点偏误出现频率（%）

	第一学期	第二学期	第三学期	第四学期	第五学期	第六学期
清塞音 b、d、g	3.2	3.1	1.3	0.6	0.09	0
擦音 h	3.4	2.4	2.1	1.5	0.04	0
舌尖前音 z	4.2	3.1	3.2	1.9	0.7	0.12
舌尖后音 zh、ch、sh	7.4	5.3	4.6	3.7	2.3	1.4
舌尖后音 r	5.4	3.2	2.1	1.3	0.2	0.03
舌面音 j、q、x	7.1	6.5	4.3	3.5	2.1	0.39
单韵母 ü	8.5	4.7	3.1	2.6	1.3	0.22
单韵母 er	6.4	4.2	2.9	1.6	0.4	0.16
声调	9.3	9.6	8.9	4.2	4.6	2.1

[①] 二语习得与社会环境有着密切的关联。Stephen Krashen 认为，二语学习者，在目标语环境中，更关注信息和交流，而不是语言规则本身的正误，这样的习得更接近于母语的习得，因而会更有效。因而营造一个母语般的目标语的习得环境，对二语习得至关重要（Krashen，1985）。

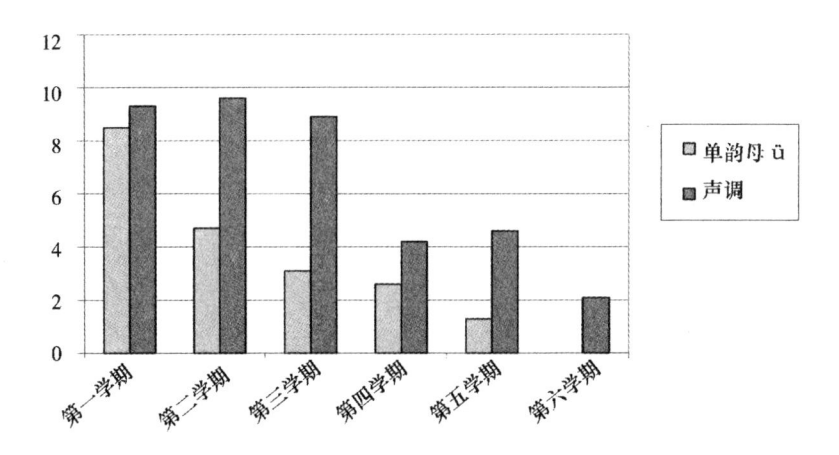

图 6-7 最难的两个语音项六个学期中的偏误频率比较

测试结果：

1. 学生在相当长（至少两年）一段时间，发音是不完美，甚至有明显口音。

2. 难点和大多数同学一样，集中表现在两类：

（1）汉语有，英语没有的：声调、韵母 ü。

（2）相似的音，特别是英汉是一对多的对应：zh、ch、sh 和 j、q、x。

3. 如何对待语音难点，特别是对可懂度有影响的声调，是学好语音，提高可懂度的关键。

4. 优异的学习者善于寻找和发现语言规律，了解英语和汉语语音的特点，能够感知细微的差异和相似。相似的音难习得，因为学习者把它们感知成为母语中的那个相似音，而"新"的不相似或完全不同的音，却相对来说比较容易习得，因为它们和母语有着明显的不同[1]。

---

[1] 尽管很多研究表明，二语习得者学习与自己母语近似的音比不近似的音更难，但也有例外。Major（1987b）的研究发现，当学习者的发音越来越纯正时，与他们母语不近似的音得到了明显的改善，而近似的音却反而越来越糟。

四 非正式谈话收集的材料

每周进行一次约见，记录学习状况、学习遇到的困难、解决困难的办法，及对语音的自我评价等。谈话内容归纳如下。

目的：到中国旅行、生活、工作，和中国朋友更好地交流，赢得他们的信赖和赏识。

学习过程：初学时觉得汉字很难。每节课都有一些新知识，有一点挑战，但也有对已学知识的复习。觉得自己的语音在不断进步。遇到困难主动向朋友、老师请教。

课堂：模仿，示范。很好的语音示范，对学习很有帮助。希望老师能够听辨错音并及时纠正错误。最好是慢而清晰，不断重复。使用学生熟悉的表达，有很多停顿。较多的互动：师生、学生之间。

拼音教学：很有用，简单易学，帮助发音。只有学好拼音，语音才能标准，汉语才能进步。掌握拼音规则很重要，但最后不要用拼音代替汉字，例如，用拼音记笔记，用拼音写短文等。因为如果要达到更高程度，拼音有很多局限和不便，汉字读写是必要的。总之，拼音是汉语和英语的桥梁，也是汉字和词汇教学的基础。学生起步较晚，初学时的正确发音对成年人的汉语学习更为重要。

五 两位学生学习个案的比较

虽然两位学生在语言背景、学习态度、性格等方面有很多共同之处，但他们的学习汉语的历程仍有明显的不同。

首先，是说汉语的对象不同[①]。一个主要跟女朋友和她的朋友们说，一个自己结交很多中国朋友，跟他们练习。相比之下，其他的学

---

① 指课后。

生则缺乏主动练习的机会。

其次，两个学生最大的不同，是汉语教学模式。在休伦学院期间当然是相同的，其中一个曾先后到中国学习一年半的汉语课程，密集式的沉浸学习。另一个完全在加拿大大学汉语课堂学习。但在家（和女朋友）说中文。

两者的共同之处，也是其他学习者不具备的特征，归纳如下，望能揭开汉语语音习得成功之秘诀。

（一）多语言背景，自小谙识两种或两种以上语言，对语音和语言规则比较敏感。

（二）对其他国家的语言文化兴趣浓厚，对学习表现出极大的热情和兴趣。

（三）开始学习汉语后，母语的使用时间明显减少，而使用汉语的时间明显增加。

（四）语言沉浸、与朋友之间的自然交谈，对语音有很大的帮助。

第三节　汉语语音教学实践

一　语音教学重点：语音输入

学习者从各种渠道接触目标语，这些对学生来说都是语言输入。从输入到输出，中间还经历吸收和发展的过程。语言吸收：是对输入语言的加工、解码，为中介语的形成做准备。学习者重建、发展自己的语言系统，向目标语不断靠拢，形成自己的中介语。然后输出，它是语言学习的结果，有口语和书面语两种形式。本书要讨论的是前一种口语（语音）学习结果。语音习得的大致经过是：语音输入→语

第六章 汉英中介语可懂度、成功习得个案及汉语语音教学方案

音吸收→中介语语音系统的发展→语音输出。语音教学能够控制的就只有第一个环节：语音输入，它是语音教学的关键。反过来说，语音教学并非语音输入的全部，它是语音输入的一部分。

（一）语音输入的原则

1. 输入的内容和素材，学习者要有兴趣，乐于接受，容易理解，量要足够，内容要丰富，形式要多样，尽可能涉及学生的学习、生活、社会、习俗等各个方面，激发学习兴趣[①]。

2. 输入的内容要进行消化、分解、重组，形成中介语系统。

3. 输出时要保证正确性。要及时、准确地点评，给学生反馈，让学生对偏误进行修正。

当学习者能够理解之后，反复操练二语语音可以帮助学习者达到学习目标。二语教学法认为反复练习对语音习得有积极的作用。而一般来说，二语中不规则的形式，重复的次数越多，学生越容易掌握。那么重复到什么程度，学习者才可以理解，而产生正确的发音，这个过程则因人而异。

（二）汉语语音难点教学

二语习得是学习者不断对目标语提出假设，不断验证这些假设的过程。他们了解到原先的目标语（中介语）是不正确的，然后进行修正，从而使中介语向目标语逐步靠拢。输出时，学习者可能会遇到困难，这时，他们可能回避问题，或在已有的知识系统中检索。教师帮助学生找到语音输入的 i 和 1，从已有的知识 i 出发，语音问题就会迎刃而解。

第四章对一至三年级学生语音习得难点的调查，发现研究对象，

---

① 克拉申可懂输入假说的核心，是遵循 i+1 的原则：i 是学习者的现有水平，1 是略高于 i 的部分。难度要适中，既不要超出学习者能够接受的能力范围，又不仅仅停留在原有的水平上。

包括从初级到高级不同学习阶段的学生，大多数出现"化石化"现象。这阻碍了语音的进一步完善，他们的语音并非随学习阶段的提高而提高。语音是语言习得的前沿，比词语语法等的教学都早。在学生学习的初期对这些难点要提起足够的重视。

1. 声调教学

声调教学中，帮助学生认识音调高低，找到自己音调的区间，高、中、低的位置。汉语声调的关键有两个，一个是调型，一个是相对音高。

四个声调的调型，是平调还是曲折调，起点和终点是高还是低等，这些要领对学生有帮助。例如，第一声是高平调，起点和终点都落在同一高度，音高在发音过程中持续不变；第二声是升调，起点低终点高，类似英语的疑问语调"what？"；第三声是曲折调，音时较其他三种声调为长，这个声调的关键是要找到它的最低点，也就是先降后升所降的最低点；第四声是急降调，起点高终点落到最低，类似英语的否定词"no"。找对起点很重要。

调值所标示的音高是相对的，不是绝对的，每个音节的声调都或多或少地受到前后音节声调的影响。例如，第一声，可能读成44，第三声，通常不会发成一个完整的降声调而完成214的调值，不在词尾的上声字只读降调，即21这个部分；去声字也降不到最低值，而读成53，尤其后接去声字的时候，比如"再见"。声调不是静止固定一成不变的，它随着语流，应讲者的说话风格和内容不停变化着。要习得纯正的汉语语音声调，需要反复练习，融入汉语的环境中。

声调对很多加拿大学生来说是"顽疾"。英语没有声调，只有语调，而语调变化随意，这种随意性影响汉语声调的学习。语音教学，声调是重点，不只因为它难掌握，更重要的是它影响可懂度的关键。

第六章　汉英中介语可懂度、成功习得个案及汉语语音教学方案

学生一开始学习汉语，就接触声调。教学中在初学语音时就应强调声调的重要性，包括区别语义，及其在汉语语音中的重要性。可以给学生举几个简单的例子来说明，例如"买"与"卖"，"哪里"和"那里"等。类似的例子还有：

笑话→校花

半价→搬家

出嫁→出家

李子→栗子

司机→四季

童心→痛心

土地→徒弟

学习时，可以让学生一组一组地学习，在区分声调的同时，又体会词义的不同。如"冰""饼""病"等。在教学时可以帮助学生展开联想，如"鱼"和"雨"，"雨"是水，学生在学习"雨"之前一般已经学会"水"，"水"是第三声，和"雨"的声调和"水"一样。没有了水，"鱼"就会跳出水面，"鱼"读升调第二声。

2. 清塞音 b、d、g

对照英文中 s 后的 p、t、k，它们是清音，比较接近普通话声母，如"百" bai 中的声母 b [b]，和英语单词 speak 中的 p [b] 很接近，汉字"帝" di 中的声母 [t] 和 steven 中的 [t] 很接近。

3. 擦音 h

帮助学生找到汉语 h 的发音部位，可以让学生先发 k。重复 k 的音，然后舌根略微降低，让气流从舌根和软腭之间的狭窄的通道流出，就是 h 音，而不会发成英语中的喉音 h。

4. 舌尖后音 zh、ch、sh、r

这一组舌尖后音对应英语的"j"［dʒ]、"ch"［tʃ]、"sh"［ʃ]及"r"［r]，但舌尖的位置略微不同。发音时，舌尖向上，向着上腭。r 的发音和英语中的 r 很相似，区别在于汉语发音时用舌尖，不圆唇，如"让"rang，"热"re①。

5. 舌面音 j、q、x

对应英语的［dʒ]［tʃ]［ʃ]，如 judge、choice、shy。汉语这三个声母发音时舌面靠近根部的地方抬起，位置接近上腭。学生需要反复跟录音听读操练，或让老师指导，不断调整直至能够准确发出这三个舌面音。帮助学生发 x，可以从英语与之相似的［ʃ]开始，先发［ʃ]，如 she。需要注意的是，英语的 she 有一定程度的圆唇。学生先发［ʃ]，然后慢慢展唇，再加元音［i]，就可以发出汉语的 xi "西"这个音了。当 j、q、x 后接 ü 的时候，即 ju、qu、xu 三个音需要圆唇，因为元音 yu 是圆唇的。

6. 单韵母 ü

高元音 ü，是一个高、前、圆唇元音。发音时舌位和［i]一样，唯一的区别在于唇的圆展。练习时，先让学生发［i]，舌位保持不变，然后慢慢将双唇圆起像发［u]的样子。拼写时，ü 有时写成 u，比如 qu，元音是 ü 而不是 u。

7. 单韵母 er

卷舌元音 er 和英语"her"中的元音很相似。er 的发音分为两个音段：［ə]可看作是/e/的变体；［r]可看作是辅音/r/的变体。韵母 er 的音节很少，没有第一声，只有第二、第三、第四声，也没有声母。可以说，er 的音节，连声调的只有三种。"盖"gɑi，儿化之后读成 gɑr，和英语中音节末尾的后缀 er 相似，如 better、farmer 等。

---

① 如果后接元音 u，r 应该圆唇，如"入"ru。

二 汉语语音教学目标

语音教学目标应该分两个层次,首先是可懂,其次是纯正。纯正的语音是语音教学较高层次目标[1]。如果不能习得母语一般的语音,二语学习者至少要能让别人理解,这应该是汉语语音教学的首要目标。汉语语音教学在帮助学生克服难点和偏误的同时,更重要的是把重点放在影响可懂度的语音要素上,它们对交际有直接的影响。在课程设计中不容忽略这一重要因素。

教学目标不能脱离学生的学习目标。据调查,79%的学生希望自己能说一口标准流利的汉语,通过学习语音能够达到完美的程度。Timmis 曾对400个来自14个不同国家学习英语的学生进行过调查,发现67%的学生希望自己的英语语音能达到完美的程度[2]。调查还发现,学生认为如果没有口音,他们会更受尊重,表达会更自信。

然而,只有少数的学习者才能习得完美的语音。教师在课程设计,教学实践中要考虑到学生的需要,帮助他们达成理想的学习目标[3]。改善语音,无论是从语言教学还是从学生的语言交际来讲,都很有必要。

三 汉语语音教学方法

语言教学观的演变,从单纯注重语言形式的语法翻译法,到以模仿操练获得语言能力,相对忽视语言形式的听说法,到以交际手段培

---

[1] Flege (1988) 认为,外语口音有可能引起一系列的后果,这包括对口音的敏感度减低、负面的评估结果、可懂度逐渐衰退等。另一个可能发生的后果,是说本族语的人在与有口音的二语习得者的谈话时,也会带有口音,因为二语习得中,口音是很明显也是敏感的。更为重要的是,二语习得者在与人交际时被人误解、误会,这很大程度上跟他们的口音有关。

[2] Timmis, 2002.

[3] 语音教学的目标,就是让学习者尽可能自然地习得二语(Griffen, 1980)。

养交际能力的交际法，我们可以看到语言形式、语言技能及语言运用之间关系的发展轨迹，语言教学理论由语言形式和语言技能之间的关系权衡，发展到语言技能与语言运用之间的权衡。语言教学是训练语言技能还是培养交际能力，是近几年讨论的热点。

语音教学方法，是对本书之前章节诸多理论的框架中，所进行的教学实践。运用这些理论，帮助学生有效习得汉语语音，最终的目标是提高学生的中介语可懂度，甚至学到完美的语音。

加拿大的汉语语音教学应该以培养交际能力为主，还是在培养交际能力的同时兼顾语言技能的训练[①]。加拿大社会的多元文化环境，使汉语教学形成了自己特色，语音教学也有其得天独厚的条件。加拿大大、中、小学汉语课堂教学，包括听、说、读、写四个学习范畴。本书认为在强调汉语交际和运用能力的同时，语言技能的训练是必需的，它对汉语整体能力的提高是有助的。强化技能操练的听说法与以运用为导向的交际法的结合，是符合加拿大汉语教学实际的教学模式。

（一）两种语言教学方法和教学观的比较

教师对语言教学的理解，对自己和学生在教学中扮演的角色、对学习者怎样学的认识，决定着怎样教，教师的教育思想指导教学活动的具体实施。本节讨论的教学法，不只限于教学步骤和具体的方法技巧，它是以心理学、语言学理论为依据的教学理念和框架，包括在这个框架下制定的大纲、编制的教材，是教学原则与教学活动的结合。

[①] 21世纪伊始，西方语言学家开始探讨折中法（eclecticism）运用于语言教学的可行性（Larsen-Freeman, 2000），主张将几种不同的教学法及各具特点的教学活动融合在语言教学中。

表6-3 听说法与交际法的比较

	听说法	交际法
教学理念	语言是一种习惯，错误要及时纠正并制止	语言由个体的先天机制产生，通过尝试在错误中习得
	目标语的语言系统直接通过例句教学习得	学习目标语语言系统的最好方式是交际活动
教学目标	语言能力。语音句法的准确是基本目标	交际能力。流畅和可接受的语言是基本目标
教学重点 关于教 关于学	语言结构和字词、语音，忽略意思	如何与人交流，注重传意
	句型是中心	会有句型，但是次要的
	要求发音纯正	可被理解的发音就可以接受
	交际活动要在长时间的句型练习之后进行 口语先于读写训练 教学次序由语言的难易程度决定 教师主导，具体规定学生使用的语言 不鼓励使用母语 需要记忆句型对话 学生和语言系统发生关系，对语言结构的兴趣是学习的内在动力	从开始就鼓励尝试交际活动 读写可以从第一天就开始 教学次序取决于学习者对内容、功能、意思的兴趣 教师以各种方式辅助学生学习语言，不确切地知道学生将使用什么语言 可以适当地使用母语 以交际为目的的对话通常被遗忘 学习者和交际对象互动，使用目标语交流是学习动力的源泉

1. 听说法与交际法的基本观点

听说法①的心理学基础是行为主义心理学。行为主义心理学认为语言学习是一种习惯，目标语习惯的养成是靠多次"刺激—反应"的结果，学生对刺激产生正确的反应，摆脱母语的习惯，逐渐形成目标语的新习惯。句型教学是听说法的主要教学模式。

交际法②的心理学基础是以乔姆斯基为代表的心灵主义学派，发挥学习者与生俱来的学习和使用语言的能力是这一学派的思想精髓。交际法注重的是学习者运用语言的能力，交际既是教学目的，也是教

---

① 英语为：Audio-lingual Approach。
② 英语为：Communicative Language Teaching Approach。

学手段，语言规则可以在交际过程中自然而然地获得①。

表6-3从教学理念、教学目标、教学重点等方面，比较两种教学法的主要观点以及对教与学的基本主张。

2. 两者是对立还是互补

两种语言教学观的差异，归纳起来表现在：（a）语言教学目标，是培养交际能力还是训练语言技能；（b）对教学过程的认识，是学习者的语言习惯独自形成的过程，还是学习者通过课堂参与，在与同伴合作学习中获得；（c）师生在课堂教学中所扮演的角色，是教师为主导，还是以学习者为中心？

本书认为，听说法和交际法的差异并不对立，在教学上可以互为补充。

首先，两者的理论基础和主要观点是不矛盾的。交际法的理论基础是乔姆斯基的"语言能力"②和"语言运用"③学说，以及Hymes的"交际能力"④理论。这个观点既包括"语言能力"亦包括"语言运用"。交际法强调语言的使用，重视语言功能，但并不排斥语法规则和句型练习；听说法认为交际活动要在句型练习之后进行，因此也并不否定交际活动。

---

① 主要教学流派归纳为四种。翻译法：对母语教学更有效。对语音教学，听说训练，是有欠缺的。听说法：强调口语，反复操练，注重句型和语言结构的训练。关注语言学习难点和偏误。这种教学法容易结合多媒体科技，可以弥补脱离实际语境的不足。认知法：以学生为中心，注重理解和创造，生成更多的句子。对偏误比较包容，侧重重点和难点的操练。交际法（Comunicative Language Teaching, CLT）的核心思想，就是注重语言运用，而不是语言知识或语言规则；更注意流利而不是准确，将纠错限制到最低的程度，鼓励学生使用语言，在错误中学习；使用原始的目标语。各种教学法流派都有其必然性和合理性，虽然存在对立、排斥的关系，但却是不断向前发展的，后者汲取前者的优点，弥补以往的不足，形成继承和发展的关系。

② 英语为：Linguistic competence。

③ 英语为：Linguistic performance。

④ 英语为：Communicative competence, Hymes (1972)。

第六章　汉英中介语可懂度、成功习得个案及汉语语音教学方案

其次，两者在教学中各显优劣[①]。听说法从听说句型教学入手，对听说能力培养更显优势。但学生在课堂上学到的基本句型不等于实际运用中的交际语言，语言技能如何转化为交际能力，是听说法必须面对的问题。交际法注重学生交际能力的培养，但它的弊端也是显而易见的，例如，语言功能的范围及其教学顺序不容易确定，语言能力和结构有时难以和功能协调等。

3. 加拿大汉语教学特点

加拿大的特殊社会和语言环境，使得汉语教学形成了自己的特色，本书归纳了两点。

（1）读写是基础，听说是目标

加拿大汉语教学范畴包括"听""说""读""写"[②]。汉字和词汇教学，首要的是语音导入。他们必须知道和练习字和词的正确发音。拼音是汉语和英语的桥梁，也是汉字和词汇教学的基础。学生起步较晚，初学时的正确发音对成年人的汉语学习更为重要。

拼音对学生来说，让汉语这种表意文字变成表音，让英语为母语的学习者觉得简单易学，更重要的是，它是学好汉语语音不可或缺的重要工具和手段[③]。它是语音的基础，当然也是交际的基础。只有打

[①] 本书认为，交际法和听说法是可以结合的。在不同的学习阶段，某一个比另一个更有效。只有两个结合使用，在注重交际内容，为学生营造自然的学习氛围的同时，不忽略语言结构和形式的操练，语音教学才能达到至善至美。早在80年代初，Eskey（1981）就提出了形式和意义相结合的原则：首先，目标语的语言知识必须有系统地教授给学生；其次，语言学习须在一个自然的交际环境中进行；最后，要将学习目标设置为，用准确的目标语规范，完成交际目的。这和Sivignon（1972）的研究所提出的，将形式和内容结合的观点不谋而合。

[②] 以听说法为主进行语音、词汇、语法知识的教学，以及口语、听力技能的训练。以交际法为主强调语言交际能力的培养，包括语言能力——语音、词汇、语法、文字；听、说、读、写。社会语言能力——在不同的语境中恰当、得体地运用。话语能力——表达完整语义，进行连贯表达。应变能力——如：解释、委婉、回避、语体等。

[③] 拼音教学，对汉语为母语及汉语为外语的学生来说有很大的不同。母语为中文的学生，在学习之前已经能够听说，因此学习拼音只要将音和具体的拼音音素对应起来。而母语为英语的学生，则是从零开始，需要对比英语发音、操练、记忆和运用。

好拼音基础，汉语才能进步，语音才能标准。如果开始没学活没学好拼音，之后的错误发音很难纠正，甚至纠正不了，语音教学也就事半功倍。对于汉语作为第二语言的学习者来说，没有像母语一样的学习环境，因而跟自然习得是有所不同的，掌握规则很重要，拼音就是他们发音的规则。有些学生希望用拼音代替汉字，用拼音记笔记，用拼音写短文。但拼音有很多局限和不便，如果要达到更高程度，汉字读写是必要的。

目前加拿大的汉语课程在各地区已经普遍推开，但官方用语、电台、电视、报刊等媒体仍以英语和法语为主，汉语在学校、家庭和社会的使用率还不能跟英语同日而语①。英语在工作上更重要，因此当加拿大人选择提高语言能力时，自然会首先考虑英文。社会生活和工作环境，并没有对汉语交际运用提出迫切的需要，更没有提供良好的使用机会，在交际中自然而然地获得汉语是不切实际的。用母语环境学习母语的方法学习目标语，对缺乏充分语言环境的汉语学习者，特别是对成年的加拿大人来说是行不通的，语言规则的介入是汉语教学所必需的，对学习者是有帮助的，它是通往成功之路的快捷方式。语音教学应该重视和加强。

A. 加强拼读训练，具备自学能力，使学习者尽快具有读词、拼词和记词的能力。

B. 利用汉英结构对比，确定难点，通过朗读操练，归纳普通话词汇和语法特点，提高学习效率。

（2）交际沟通是基本目标，准确流畅乃锦上添花

流畅与准确是交际法与听说法各自的侧重。在以交际为目标的教

---

① 英语目前仍是加拿大使用人数最多的语言。加拿大总人口约3400万人，58%的人表示，英语是他们在家里使用的唯一语言。(2012年10月25日，新华网)

第六章　汉英中介语可懂度、成功习得个案及汉语语音教学方案

学中,传达和接收信息是最重要的,准确性是第二位的,学生在不同程度上会出现这样或那样语法或语音方面的偏误。听说法对错误的及时纠正,模仿操练使正确的习惯不断强化,正好弥补交际法在准确性方面的缺失,提供完备的训练。音准与流畅兼顾的特性为听说法和交际法的结合搭起了桥梁。

4. 加拿大特色的汉语教学模式——听说法与交际法相结合

听说语言教学法和交际法共同在加拿大汉语教学中,发挥重要的作用。

（1）听说法

——句法操练有助于学生认识和掌握汉语语音规则。

——语言规则的掌握,对不能自然习得汉语的学习者来说是必经之路,是快捷方式。

——拼音系统是汉语能力提高的基础和工具。

——通过汉英结构对比,确定难点,提高学习效率。

——偏误纠正,帮助学习者获得正确的目标语知识与技能。

——反复操练,对有限的课堂教学来说是一种好方法。

（2）交际法

——强调运用,真情实景的交际活动引发学习兴趣。

——以学生为中心,激发学习动机。

——言语交际既是教学手段,又是教学目的。

——交际活动,是普通话知识技能转化为运用能力的重要手段。

两种教学法各司其职,互为补充,两者的结合,是符合加拿大汉语语音教学实际的教学模式。听说法将语言的难度分级,句型由浅入深,循序渐进地安排结构,保证了教学的系统性和完整性;交际法贯穿于语言技能训练之中,让句式操练赋予意义和交际性。听说法学习

语音规则,交际法学习日常生活对话。以语言技能为经,交际训练为纬,寓交际能力于结构之中,两者扬长避短是完美的结合,是汉语语音教学追求的理想。

第七章

结　　语

第一节　本书研究的特色

一　聚焦超过语言学习关键期的学习者

年龄对二语语音习得的影响是不争的事实，儿童习得标准语音被视为天经地义。超过"关键期"的学习者如何成功习得汉语语音，是本课题研究的重点。本书的研究对象为笔者所任教的加拿大西安大略大学学生，开始学习汉语的年龄都超过12岁，平均年龄是20.1岁，母语为英语。本书的研究证实，一些较"晚"开始的第二语言学习者，仍可以获得纯正地道的语音，成年人获得标准的第二语言语音是可能的。这对"关键期"12岁就结束的理论提出了挑战。当然，仅仅基于此项小型研究就认定早开始学习第二外语从生理上讲并没有优势，进而否定关键期假说，还为时过早。然而，这项研究为我们提供了一个非常有意义的实证，这就是，在不否认年龄小在生理上有习得第二语言的优势的同时，对某些第二语言学习者来说，开始得晚而失去语言学习优势，可以通过别的方式弥补。过了"关键期"年龄的学习者，还是有可能成功习得汉语语音的。

成年人"乡音难改"的是绝大多数。而两个成功的汉语语音习得者，他们并非一班学生中最年轻的，也非大学入学时成绩较高的。本书通过语音测试、跟踪研究、问卷调查等多种手段，研究成功者的共性和特征。两个完全不同的学习者，在个性和语言背景等方面的差别是相当明显的。但最终，他们从同样的起点——生长在加拿大，都到达同样的终点——说一口标准的汉语。除了在大学接受同样的汉语教学之外，他们都对语言学习有着浓厚的兴趣，认同并欣赏中国文化，在学习过程中创造机会使用汉语。自他们开始学习汉语的那一刻起，汉语就成为他们生活的一部分。

二 透视加拿大多元文化语境对汉语语音习得的促进

加拿大学生习得汉语，可能是作为第三语言甚至第四语言。对于三语习得的研究，近一二十年才刚刚兴起，而且只局限在少量的少数语种的研究上。三语的特别之处在于，学习者在此之前已经习得了二语，积累了一定的外语学习经验，这些先前的语言经验和意识都会对之后的语音习得产生影响。因而有多语背景的三语学习者在语言感知、学习策略和技巧的使用上，都明显优于二语学习者。

虽然语言背景不同，多元文化环境和双语多语的语言背景，能够提高学习者对语音的敏感度。本书对两位成功者的研究发现，尽管经历不同，社交活动圈不同，也许正是因为学习汉语之前自身的语言积累，双语或多语的自然习得，使他们在语音上表现出比其他学生更高的敏感度，而在汉语语音习得上殊途同归。

第二节 主要研究发现

一、学生在初学阶段普遍发生母语迁移。因为汉语和英语在音位上有很大的相似性，学生很自然将英语的发音习惯运用在汉语中。这种迁移是积极的，这种"求同存异"可以让学生更快地掌握汉语语音基本发音，而相似语音所导致的口音一般不会影响可懂度，所以学生很快能够进行基本的汉语交际而达成汉语语音习得的初级目标。要达到更高的目标，即发音上的字正腔圆，就得克服迁移导致的口音，关键是相似音的分辨与发音。当然还有英语中没有的语音现象，例如声调。但对这个学习阶段的学生来说，母语中没有的音他们应该早已习得，而相似音才是真正影响语音面貌、实现纯正地道的障碍。

二、学习策略，特别是补偿策略和元认知策略的使用，帮助学生在口音形成之初避免出现"化石化"。成功的学习者都有较强的学习动机和主动学习的意识，而学习策略则是学生主动学习的一个有效工具。同样的课堂教学及教材教法，不同学习者理解、记忆直至获得目标语语音所采用的学习计划安排，及使用的途径方法等有所不同，甚至有明显的差别。在不同的场合情景下选择使用各种学习策略，能够调动学生的组织能力和自我监控意识，让学生使用已有的知识解决学习中的新问题，通过与同学老师或汉语为母语者的互动，提高语音水平，进而帮助学生完成学习任务，实现学习目标。

三、口音并不一定对可懂度产生影响[1]。大多数和英语相似音位造成的口音不影响正常交流，特别是母语都为英语的汉语学习者之间的交流。声调是影响可懂度的唯一重要的因素，因而汉语教学的重点，并非一定是所有的语音难点，声调的掌握才是开启成功之门的金钥匙。

四、加拿大多元文化政策的推动，对其他民族文化和语言的尊重和欣赏，孕育了学习汉语的良好环境。语音习得，人们往往过分强调

---

[1] Munro 和 Derwing (1999) 的研究结果和本书结论一致。他们发现口音虽然和可懂度有直接的关系，但口音并不一定是可懂度低的原因。

年龄的重要，而忽略了社会因素。在双语或多语环境中成长的学生，虽然超过"关键期"，但对语音比单语环境中成长的学生更敏感，学生习得标准汉语语音并非遥不可及。

五、自然的文化渗透让语音习得更有效。成功的个案所走的路不尽相同，但最终都热爱中国文化，为自己营造了一个自然习得的小环境，形成了文化和语言的相互促动。在课后与家人或朋友说汉语，是通往成功之路的捷径。

第三节 对汉语语音教学的启示

一 汉语拼音教学是基石

它将汉语的表意变成表音，是说英语学生最有效的学习汉字的辅助工具，让汉字的认读变得简单易学，发音也不再陌生。对母语是英语的学生来说，拼音字母都是他们熟悉的，尽管拼音的声母和韵母与英语对应关系并非在字母的层面，相同的字母发音也许不同，但很多元音和辅音在音位上有很大的相似性，很多音素都能在英语中找到相对应的发音[1]。

拼音要在初学汉语时完成，它是语音的基础，当然也是交际的基础。只有打好拼音基础，汉语才能进步，语音才能标准。如果开始没学好拼音，之后的错误发音很难纠正，甚至纠正不了，出现"化石化"，语音教学也就事半功倍。对于汉语作为第二语言的学习者来说，没有像母语一样的学习环境，因而跟自然习得是有所不同的，掌握规则很重要，拼音就是他们发音的规则[2]。

---

[1] 比如，拼音中韵母"e"，并不是英语中的 e [i:] 的发音；c 并不发 [si:]，而是对应英语的"ts"如"cats"。

[2] 有些学生希望用拼音代替汉字，用拼音记笔记，用拼音写短文。但如果要达到更高程度，拼音有很多局限和不便，汉字读写是必要的。

拼音是汉语和英语的桥梁，也是汉字和词汇教学的基础。学生起步较晚，初学时的正确发音对成年人的汉语学习更为重要。汉字和词汇教学，首先要由语音导入。他们必须知道和练习字和词的正确发音。

加拿大汉语课堂各种族裔的学生混杂。拼音教学，对汉语为母语及汉语为外语的学生来说有很大的不同。母语为中文的学生，在学习之前已经能够听说，因此学习拼音只要将音和具体的拼音音素对应起来。而母语为英语的学生，则是从零开始，需要对比英语发音，操练，记忆和运用。

据调查，79%的学生希望自己能说一口标准流利的汉语，通过学习语音能够达到完美的程度[1]。被调查的学生还认为，如果没有口音，他们会更受尊重，表达会更自信[2]。然而，只有少数的学习者才能习得完美的语音。教师在课程设计，教学实践中要考虑到学生的需要，帮助他们达成理想的学习目标。

改善语音，无论是从语言教学还是学生的语言交际来讲，都很必要。学生的言语，与听者的理解之间的差距，是教学时应注重的地方。语音教学能够提高可懂度是毫无疑问的。

二　汉语作为第二语言的语音教学要解决的重点——成功学习者的启示

（一）母语迁移

母语迁移分两个阶段：

初学时迁移普遍而明显，学生利用已有的语音知识习得新的语

---

[1] Timmis（2002）曾对400个来自14个不同国家学习英语的学生进行过调查，发现67%的学生希望自己的英语语音能达到完美的程度。

[2] 学习者希望自己的语音标准，能够更大程度地被目标语的社群接受，这一点需要更广泛的研究来证实。

音，这是有积极作用的正迁移，教学中应鼓励和引导①，让他们多使用已有的语言知识，每节课增加一些新知识，有一点挑战。

汉语语音习得规律呈"厂"字形，初学阶段进步较大较快，出现瓶颈后，突破了便能化茧为蝶，否则将"化石化"②。高级阶段克服相似音造成的偏误，教师要纠错，示范正确发音，防止"化石化"。老师的发音要起到良好的示范作用，慢而清晰，不断重复，使用学生熟悉的表达，多一些停顿③。

迁移对语音习得的正面或负面的影响，要分阶段看待。初级阶段的迁移大多是正面的，促进习得的，这时学生对汉语语音是比较笼统地掌握。进入到比较高的阶段后，相似音而造成的口音需要修饰完善，语音习得才能更进一步，达到完美。教师在语音课堂教学中，扮演参与和辅助的角色，让学生做主导，给学生自主发挥的空间。良好的师生关系和互动对学生的学习主动性和信心的培养很重要。

（二）文化冲突

加拿大双语或多语环境中长大的孩子，对学习一种新的语言不会有太多的畏惧，尽管汉语和英语法语等有很大的不同，他们有足够的心理准备。艾龙是这样说的：

This idea that languages can be different in strange and interesting ways

---

① 汉语中半元音 y［j］和 w［w］，听起来很像元音［i］，［u］，语音教学中也常常把它们当作元音。如汉语音节"外"wai，教学时可以和英语的 wide 作比较，引导学生正迁移；"叶"ye，可以和英语单词 yes 作对比，学生容易记忆和掌握。

② 在初期的进步阶段，有很明显的母语迁移，也包括很多相似音的迁移。过了 1～2 年之后，学习进入了另一个阶段，由对到好，由可懂到纯正。这时相似变成干扰，克服干扰是教学重点。

③ 关于母语迁移，学生艾龙在调查中这样写道：*One of the difficulties this brain pattern presents though, is that it makes it hard for people to distinguish between sounds that aren't in their native languages sound system, because they have the inherent desire to place everything inside their native sound system. For example, a native speaker of English might here "*这儿*" as "jar", but the zh in Chinese is actually subtly different from the j sound in English, as is the e in zhe'r from the a in jar, and also the r.*

helped prepare me for learning Chinese.

学习汉语的学生一般都带有比较明确的目的和目标，这是语言学习的一个极大的优势。我们要尽一切努力维护、帮助他们实现自己的目标，对汉语语言和文化，从不抵触发展到欣赏和热爱。

解决母语迁移，主要采用听说法，解决文化冲突，主要采用交际法。

根据不同的程度分班，使用不同的教学材料，对学生的错误明确并且及时指出。采用句型操练和对话活动，结合"完成任务"的活动，巩固新学习的知识。语言规则的学习不可能在交际中进行，课堂的训练是必要的，也是重要的。

交际是语音学习的主要目的。课堂教学中可以使用肢体语言或者表情，帮助学生理解和学习。活跃的课堂气氛，学生的积极发言和参与，是交际教学的重要组成部分。教学中营造自然的学习氛围，弥补正式的课堂操练而带来的枯燥，鼓励学生使用学习软件，网络教学资源，能够使课堂教学得以延伸到一个更广阔的领域，也更有意思。

听说和交际两者结合，既注重语言知识的学习，又注重情景、功能的学习，避免了学习枯燥，也兼顾了语言知识的强化。

第四节　局限与不足

年龄是语音习得一个很重要的因素，有关年龄与语音的研究，主要集中在儿童的母语习得与成年人的二语习得。本书的研究是后者——年龄在 18~25 岁的年轻的成年人。而年长的成年人（60 岁以上）的语音习得，还有待研究与测试。

语音教学能否取得成功，不是某一方面的原因决定的，它涉及多方面的因素。学生的母语，开始学习的年龄，学习时间长短，语言环境，学习策略，学习态度、动机，课堂教学等，都或多或少地与语音教学的成败有关。本书对学习者态度、动机等方面跟语音习得关系的阐述，显得比较薄弱[①]。

影响语音习得，还有一些其他不能解释的原因，大概就只能算天分了[②]。同样的母语，同时开始学习汉语，同样的课堂教学，一样的努力，但学习效果却很不同。个别学习者天分和记忆力等与语音习得的关系，还有待今后的进一步研究。

本书对母语迁移、学习策略等对语音习得的影响，需要得到更广泛的验证。另外对相似度的计算，也还有值得商榷的余地。

[①] 在环境因素方面，跨国婚姻也是一个值得研究的课题，Piller（2002）研究了跨国婚姻家庭的语言情况，发现很多人的二语语音可以达到母语水平。研究是自我评估的形式进行的，并没有经过专业测试。另外关于学习动机的研究，Moyer（1999）等人认为，学生的学习动机和语音学习效果有一定的关系。

[②] Boustage、El Tigi、Moselle（1994）曾研究一些母语为英语的学习阿拉伯语的成年人。测试发现，尽管他们都已过了关键期开始学习，但语音十分完美，原因是他们有极高的语言天分。

参考文献

1. 陈保亚：《论汉语接触与语言联盟》，语文出版社 1996 年版。
2. 丁邦新：《丁邦新语言学论文集》，商务印书馆 1998 年版。
3. 郭锦桴：《汉语声调语调阐要与探索》，北京语言学院出版社 1993 年版。
4. 何兆熊：《语用学概论》，上海外语教育出版社 1989 年版。
5. 何自然：《当代语用学》，外语教学与研究出版社 2004 年版。
6. 江新：《汉语作为第二语言学习策略初探》，《语言教学与研究》 2000 年第 1 期。
7. 姜涛等：《说普通话儿童的语音习得》，《心理学报》2000 年第 2 期。
8. 郭熙等主编：《应用语言学概论》，商务印书馆 2003 年版。
9. 李媚乐：《俄罗斯学生汉语习得难点及对策分析》，《辽宁大学学报》（哲学社会科学版）2004 年第 3 期。
10. 李明：《对外汉语教学中难音辨析》，载赵金铭主编《语音研究与对外汉语教学》，北京语言文化大学出版社 1997 年版。
11. 林焘、王理嘉等：《北京语音实验录》，北京大学出版社 1985

年版。

12. 刘伯奎：《中华文化与汉语语用》，暨南大学出版社 2004 年版。

13. 鲁健骥：《中介语理论与外国人学汉语的语音偏误分析》，《语言教学与研究》1984 年第 3 期。

14. 陆致极：《汉语方言间亲疏关系的计量描写》，《中国社会科学》1987 年第 1 期。

15. 马希文：《比较方言学中的亲疏计量方法》，《中国语文》1988 年第 2 期。

16. 毛世桢主编：《对外汉语教学语音测试研究》，中国社会科学出版社 2002 年版。

17. 梅丽：《日本学习者习得普通话卷舌声母的语音变异研究》，《世界汉语教学》2005 年第 1 期。

18. 钱冠连：《汉语文化语用学》，清华大学出版社 1997 年版。

19. 沈榕秋、陶芸：《上海现代方音的速度变化》，《复旦学报》1992 年第 4 期。

20. 盛炎：《语言教学原理》，重庆出版社 1990 年版。

21. 田靓：《影响外国留学生汉语语音短时记忆的因素研究》，《语言文字应用》2005 年第 2 期。

22. 王洪君：《汉语非线性音系学》，北京大学出版社 1999 年版。

23. 王建勤主编：《汉语作为第二语言的习得研究》，北京语言文化大学出版社 1997 年版。

24. 王建勤主编：《历史回眸：早期的中介语理论研究》，《语言教学与研究》2000 年第 2 期。

25. 王魁京：《第一、第二语言学习在语音掌握过程上的区别性特征探讨》，《北京师范大学学报》（社会科学版）1996 年第 2 期。

26. 王士元：《北京话的第三调》，《王士元语言学论文集》，商务印书馆 2002 年版。

27. 王士元、沈钟伟：《方言关系的计量表述》，《中国语文》1992 年第 2 期。

28. 王秀珍：《韩国人学汉语的语音难点和偏误分析》，《世界汉语教学》1996 年第 4 期。

29. 王韫佳：《韩国、日本学生感知汉语普通话高元音的初步考察》，《语言教学与研究》2001 年第 6 期。

30. 王韫佳：《日本学习者感知和产生普通话鼻音韵母的实验研究》，《世界汉语教学》2002 年第 2 期。

31. 王韫佳：《第二语言语音习得研究的基本方法和思路》，《汉语学习》2003 年第 2 期。

32. 文秋芳：《学习者因素与大学英语四级考试成绩的关系》，《外语教学与研究》1996 年第 4 期。

33. 文秋芳：《外语教学与研究英语学习成功者与不成功者在方法上的差异》，《外语教学与研究》1995 年第 3 期。

34. 吴宗济、林茂灿：《实验语音学概要》，高等教育出版社 1989 年版。

35. 徐通锵：《历史语言学》，商务印书馆 1991 年版。

36. 徐子亮：《外国学生汉语学习策略的认知心理分析》，《世界汉语教学》1999 年第 4 期。

37. 许宝华、汤珍珠：《上海市区方言志》，上海教育出版社 1988 年版。

38. 薛凤生：《国语音系解析》，台北学生书局 1985 年版。

39. 杨翼：《高级汉语学习者的学习策略与学习效果的关系》，《世界汉语教学》1998 年第 1 期。

40. 游汝杰：《汉语方言学导论》，上海教育出版社 1992 年版。

41. 张彬、师彦灵：《语言学习策略与大学英语四级考试成绩的关系研究》，《兰州大学学报》（社会科学版）2004 年第 1 期。

42. 赵金铭主编：《语音研究与对外汉语教学》，北京语言大学出版社 1997 年版。

43. 郑锦全：《汉语方言沟通度的计算》，《中国语文》1994 年第 1 期。

44. 郑锦全：《汉语方言亲疏关系的计量研究》，《中国语文》1988 年第 2 期。

45. 周思源：《对外汉语教学与文化》，北京语言文化大学出版社 1997 年版。

46. 周小兵：《近三十年汉语作为二语的语音习得研究述评》，《汉语学习》2010 年第 1 期。

47. 周振鹤、游汝杰：《方言与中国文化》，上海人民出版社 1986 年版。

48. 朱晓农：《语音学》，商务印书馆 2010 年版。

49. Abraham, R. G., & Vann, R. J. 1987. Strategies of two language learners: A case study. In A. Wenden & J. Rubin Eds. Learner strategies in language learning, 85 – 102. London: Prentice Hall International.

50. Abraham, R. G., & Vann, R. J. 1990. Strategies of unsuccessful language learners. Teachers of English to Speakers of Other Language Quarterly, 24（2），177 – 198.

51. Altenberg, E., & Vago, R. 1983. Theoretical implications of an error

analysis of second language phonology production. Language Learning, 33: 427 – 447.

52. Anan, F. 1981. A study of intonation interference (translation from Japanese). The Bulletin, The Phonetic Society of Japan, 167: 9 – 13.

53. Andersen, R. 1983. Transfer to somewhere. In S. M. Gass & L. Selinker (eds.), Language transfer in language learning, Rowley, MA: Newbury House, 177 – 201.

54. Aram, D., Bates, E., Eisele, J., Fenson, J., Nass, R., Tal, D. and Trauner, D. 1997. "From first words to grammar in children with focal brain injury". Developmental Neuropsychology, 13 (3): 275 – 343.

55. Aronin, L., and Hufeisen E., ed. (2009). *The Exploration of Multilingualism: Development of Research on L3, Multilingualism, and Multiple Language Acquisition.* Amsterdam, The Netherlands & Philadelphia, PA: John Benjamins Pub. Co.

56. Barlow, J. A. 2002. Error patterns and transfer in Spanish-English bilingual phonological development. Proceedings of the Annual Boston University Conference on Language Development, 26: 60 – 71.

57. Basson, S. H. 1986. Patterns of pronunciation errors in English by native Japanese and Hebrew speakers: Interference and simplification processes. Dissertation Abstracts International, A. The Humanities and Social Sciences, 47, 4, 1113 – A.

58. Best, C. T. 1995. A direct-realist view of cross-language speech perception. In W. Strange (ed.), Speech perception and linguistic experience: Theoretical and methodological issues, Timonium, MD:

York Press, 171 –204.

59. Bialystok, E. 1979. The role of conscious strategies in second language proficiency. Canadian Modern Language Review, Vol. 35, No. 3, 372 –394.

60. Birdsong, D. (ed.). 1999. Second language acquisition and the critical period hypothesis. Mahwah, NJ: Lawrence Erlbaum Associates.

61. Bley-Vroman, R. 1989. What is the logical problem of foreign language learning? In S. Gass & J. Schachter (eds), Linguistic perspectives on second language acquisition, Cambridge: Cambridge University Press, 4 –68.

62. Bloom, P. 1991. Language Development from Two to Tree. Cambridge University Press.

63. Bremner, S. 1998. Language Learning Strategies and Language Proficiency: Investigating the Relationship in Hong Kong. Asia Pacific Journal of Language in Education, Vol. 1, No. 2, 67 –93.

64. Broselow, E. 1984. An investigation of transfer in second language phonology. International Review of Applied Linguistics, 22: 253 –269.

65. Brown, C. 2000. The interrelation between speech perception and phonological acquisition from infant to adult. In J. Archibald (ed.), Second language acquisition and linguistic theory, Malden, MA: Blackwell, 4 –63.

66. Brown, H. D. 2000. Principles of language learning and teaching. White Plains, NY: Longman.

67. Bruce, R. W. 1933. Conditions of transfer of training. *Journal of Experimental Psychology*, 16: 343 – 361.

68. Carl, J. 1998. Errors in language learning and use: exploring error analysis. London: Longman.

69. Cenoz, J. (2001). The Effect of Linguistic Distance, L2 Status and Age on Cross-linguistic Influence in Third Language Acquisition. In J. Cenoz, B. Hufeisen and U. Jessner (eds.) *Cross-linguistic Influence in Third Language Acquisition: Psycholinguistic Perspectives*. Clevedon: Multilingual Matters, 8 – 20.

70. Cenoz, J. 2005. Learning a third language: Cross-linguistic influence and its relationship to typology and age. In B. Hufeisen & R. Fouser (Eds.), Introductory L3 readings. Tübingen, Germany: Stauffenberg Verlag.

71. Cenoz, J. and Hoffmann, C. (2003). Acquiring a Third Language: What Role Does Bilingualism Play? *International Journal Bilingualism*, 7: 1, 1 – 6.

72. Cenoz, J., & Jessner, U. (Eds.). 2000. English in Europe: The acquisition of a third language. Clevedon, UK: Multilingual Matters.

73. Cenoz, Jasone. (2013). The Influence of Bilingualism on Third Language Acquisition: Focus on Multilingualism. *Language Teaching*, 46, 1: 1 – 16.

74. Chomsky, N., & Halle, M. 1968. The sound pattern of English. New York: Harper & Row.

75. Chomsky, Noam. 2008. The Minimalist Program 《乔姆斯基的最简方案》, 外语教学与研究出版社。

76. Cohen, A. D. 1988. Strategies in learning and using a second language. London; New York: Longman.

77. Cook, V. 1991. Second language learning and language teaching. Edward Arnold (Publishers) Limited.

78. Corder, S. P. 1981. Error analysis and interlanguage. Oxford: Oxford University Press.

79. Cummins, J. & McNeely, S. 1987. Language Development, Academic Learning, and Empowering Minority Students. In Tikunoff, K. Bilingual Education and Bilingual Special Education: A Guide for Administrators. Boston: College Hill.

80. Cummins, J. 1981 The role of primary language development in promoting educational success for language minority students. In California State Department of Education (Ed.), Schooling and language minority students: A theoretical framework. Los Angeles: Evaluation, Dissemination and Assessment Center, California State University at Los Angeles.

81. Cummins, J. 1993. The research basis for heritage language promotion. in M. Danesi, K. McLeod, & S. Morris (Eds.), Heritage language and education: The Canadian experience. Ontario, Canada: Mosaic Press, 1-21.

82. Curtin, S, Goad, H., & Pater, J. V. 1998. Phonological transfer and levels of representation: The perceptual acquisition of Thai voice and aspiration by English and French speakers. Second language research, 14: 389-405.

83. De Angelis, G. 2005. Multilingualism and Non-native Lexical Transfer:

An Identification Problem. *International Journal of Multilingualism*, 2: 1, 1 – 25.

84. De Angelis, G. 2007. Third or Additional Language Acquisition. Clevedon & Buffalo: Multilingual Matters.

85. De Bot, K., and C. Jaensch. (2015). What is Special about L3 Processing? *Bilingualism Language and Cognition*, 18: 2, 130 – 144.

86. Dijkstra, T. and van Hell, J. V. (2003). Testing the Language Mode Hypothesis Using Trilinguals. *International Journal of Bilingual Education and Bilingualism*, 6, 2 – 16.

87. Duff, P. 2008. Heritage language education in Canada. In D. / Brinton, O. Kagan, & S. Bauckus (Eds.), Heritage language education: A new field emerging (pp. 71 – 90). New York: Routlege/Taylor & Francis.

88. Ecke, P. 2001. Lexical retrieval in a third language: Evidence from errors and tip-of-the-tongue states. In J. Cenoz, B. Hufeisen, & U. Jessner (Eds.), Cross-linguistic aspects of L3 acquisition (pp. 90 – 114). Clevedon, UK: Multilingual Matters.

89. Eckman, F. R. 1977. Markedness and contrastive analysis hypothesis. Language Learning, 27, 315 – 330.

90. Eckman, F. R. 1985. Some theoretical and pedagogical implications of the Markedness Differential Hypothesis. Studies in Second Language Acquisition, 7: 289 – 307.

91. Eckman, F. R. 2008. Typological markedness and second language phonology. In J. G. Hansen Edwards & M. L. Zampini (eds.), Phonology and second language acquisition. Philadelphia: John

Benjamins.

92. Edwards, J & Zampini, M. (eds) 2008. Phonology and second language acquisition. Philadelphia: J. Benjamins Pub. Co.

93. Elaine E. Tarone et al. 1994. Research methodology in second-language acquisition Northvale. N. J., L. Erlbaum.

94. Ellis, N. C. 1996. Sequencing in SLA: Phonological memory, chunking, and points of order. Studies in Second Language Acquisition, 18: 91 – 126.

95. Ellis, R. 1985. Understanding Second Language Acquisition. Oxford University Press.

96. Ellis, R. 1990. Instructed second language acquisition: learning in the classroom. Oxford, Oxfor University Press.

97. Ellis, R. 1994. The study of second language acquisition. Oxford: Oxford University Press.

98. Everson, M. & Shen, H. (eds). 2010. Research among learners of Chinese as a foreign language. Honolulu, HI: National Foreign Language Resource Center, University of Hawaii Press.

99. Falk, Y. & Bardel, C. 2010. The Study of the Role of the Background Languages in Third Language Acquisition. *International Review of Applied Linguistics in Teaching*, 48: 2 – 3, 185 – 220.

100. Fantini, A. 1985. Language acquisition of a bilingual child: A sociolinguistic perspective. London: Sort Run Press.

101. Fellbaum, M. 1996. The acquisition of voiceless stops in the interlanguage of second language learners of English and Spanish. The Forth International Conference on Spoken Language Processing.

102. Ferguson, C. A., & O. K. Garnica. 1975. Theories of phonological development. In E. H. Lenneberg & E. Lenneberg, eds., Foundations of language development. New York: Academic Press.

103. Flege, J. E. 1987a. The production of "new" and "similar" phones in a foreign language: Evidence for the effect of equivalence classification. Journal of Phonetics, 15: 47-65.

104. Flege, J. E. 1992. The intelligibility of English vowels spoken by British and Dutch talkers. In R. D. Kent (ed.), Intelligibility in speech disorders: Theory, measurement, and management (Vol. 1), Philadelphia: John Benjamins, 157-232.

105. Flege, J. E., & Davidian, R. 1984. Transfer and developmental processes in adult foreign language speech production. Applied Psycholinguistics, 5: 323-347.

106. Flege, J. E., & MacKay, I. R. A. 2004. Perceiving vowels in a foreign language. Studies in Second Language Acquisition, 26: 1-34.

107. Flege, J. E., Schirru, C., & MacKay, I. R. A. 2003. Interaction between the native and second language phonetic subsystems. Speech Communication, 40: 467-491.

108. Flege, J. E. & K. L. Fletcher. 1992. Talker and listener effects on degree of perceived foreign accent. Journal of the Acoustical Society of America, Vol. 91, No. x, 370-89.

109. Flege, J. E. 1984a. The detection of French accent by American listeners. Journal of the Acoustical Society of America, Vol. 76, 692-707.

110. Flege, J. E. 1988b. Factors affecting degree of perceived foreign accent in English sentences. Journal of the Acoustical Society of America, 84, 70 – 9.

111. Flores, B., & Rodrigues, X. 1994. The influence of language transfer on consonant cluster production. Revista de Filologia y Linguistica de la Universidad de Costa Rica, 20: 99 – 112.

112. Fries, C. 1945. Teaching and learning English as a foreign language. Ann Arbor: University of Michigan Press.

113. Ganschow, L. 1991. Identifying native language difficulties among foreign language learners in college: A "foreign" language learning disability? Journal of Learning Disabilities, 24 (9), 530 – 541.

114. Gass, S. M., & Selinker, L. (eds.). 1992. Language transfer in language learning. Amsterdam: John Benjamins.

115. Gegeo, W. (2004). Mind, Language, and Epistemology: Toward a Language Socialization Paradigm for SLA. *Modern Language Journal*, 88: 3: 331 – 350.

116. Green, J. & T. Oxford. 1995. A closer look at learning strategies, L2 Proficiency and Gender. TESOL Quarterly, Vol. 29, No. 2, 261 – 297.

117. Grenfell, Michael, and Vee Harris (2015). Learning a Third Language: What Learner Strategies do Bilingual Students Bring? *Journal of Curriculum Studies*, 47: 4: 553 – 76.

118. Hammarberg, B, ed. (2009). *Processes in third language acquisition.* Edinburgh: Edinburgh University Press.

119. Han, Z-H. 2004. Fossilization in adult second language acquisition. Buffalo: Multilingual Matters.

120. Han, Z-H., & Odlin, T. (eds.). 2006. Studies of fossilization in second language acquisition. Buffalo: Multilingual Matters.

121. Hancin-Bhatt, B. 2000. Optimality in second language phonology: Codas in Thai ESL. Second Language Research, 16: 201–232.

122. Hancin-Bhatt, B. 2008. Second language phonology in optimality theory. In J. G. Hansen Edwards & M. L. Zampini (eds.), Phonology and second language acquisition, Philadelphia: John Benjamins.

123. Hazan, V. & Barrett, S. 2000. The development of phonemic categorization in children aged 6–12. Journal of Phonetics, 28, 377–396.

124. Hecht, B. F., & Mulford, R. 1982. The acquisition of a second language phonology: interaction of transfer and developmental factors. Applied Psycholinguistics, 3: 313–328.

125. Hoffmann, C. (2001). Towards a description of trilingual competence. *International Journal of Bilingualism*, 5: 1, 1–17.

126. Hoosain, R & Sailili, F. (eds.) 2005. Language in multicultural education. Greenwich, Conn.: Information Age Pub.

127. Huhl, P. K. et 1992. Language experience alters phonetic perception in infants by 6 months of age. Science, 255, 606–608.

128. Hytelstam, K. 1987. Markedness, language universals language typology and second language acquisition. In: Pfaff, C. (ed.), First and Second Language Acquisition Processes. Cambridge, Mass.: Newbury House, 23–36.

129. Ioup, G. & Weinberger, S. 1987. Interlanguage phonology: the

acquisition of a second language sound system. Rowley, MA: Newbury House.

130. Ioup, G. 2008. Exploring the role of age in the acquisition of a second language phonology. In J. G. Hansen Edwards & M. L. Zampini (eds.), Phonology and second language acquisition, Philadelphia: John Benjamins.

131. James, A. & Leather, J. (eds.) 1997. Second Language Speech: structure and process. Berlin & New York: Mouton de Gruyter.

132. James, A. R. 1989. Linguistic theory and second language phonological learning: A perspective and some proposals. Applied Linguistics, 10: 367 – 381.

133. James, A. R. 1996. Second language phonology. In P. Jordens & J. Lalleman (eds.), Investigatin second language acquisition, Berlin: Mouton de Gruyter, 293 – 320.

134. Jessner, U. 1999. Metalinguistic Awareness in Multilinguals: Cognitive Aspects of Third Language Learning. *Language Awareness*, 3: 4, 201 – 209.

135. Jessner, U. 2006. Teaching Third Languages: Findings, Trends and Challenges. *Language Teaching*, 41: 1, 15 – 56.

136. Joshee, R. & Johnson. L. (eds.) 2007. Multicultural education policies in Canada and the United States. Vancouver: UBC Press.

137. Kellerman, E. 1995. Crosslinguistic influence: Transfer to nowhere? Annual Review of Applied Linguistics, 15: 125 – 150.

138. Kellerman, E., & Sharwood Smith, M. (eds.). 1986. Crosslinguistic influence in second language acquisition. New York:

Pergamon Press.

139. Klein, E. C. 1995. Second versus Third Language Acquisition: Is There a Difference? *Language Learning*, 45: 3, 419 – 465.

140. Krashen, S. D., Terrell, T. D., Ehrman, M. E., & Herzog, M. 1984. A Theoretical Basis for Teaching the Receptive Skills. Foreign Language Annals, 17, 261 – 275.

141. Labov, W. 1972. Sociolinguistic Patterns. Philadelphia, PA: University of Pennsylvania Press, 43 – 54.

142. Ladefoged, P. 2009 A Course in Phonetics《语音学教程》，外语教学与研究出版社。

143. Lado, R. 1957. Linguistics across cultures. Ann Arbor: University of Michigan Press.

144. Larsen-Freeman, D. et al. 1991. An introduction to second language acquisition research. London; New York: Longman.

145. Lass, R. 1984. Phonology: An introduction to basic concepts. Cambridge: Cambridge University Press.

146. Lenneberg, E. H. 1967. Biological Foundations of Language. New York: John Wiley and Sons.

147. Major, R. C. 1987a. A model for interlanguage phonology. In G. Ioup & S. H. Weinberger (eds.), Interlanguage phonology: The acquisition of a second language sound system, New York: Newbury House/Harper & Row, 101 – 125.

148. Major, R. C. 1987b. Phonological similarity, markedness, and rate of L2 acquisition. Studies in Second Language Acquisition, 9: 63 – 82.

149. Major, R. C. 1997. Further evidence for the Similarity Dissimilarity Rate Hypothesis. In J. Leather & A. James (eds.), New Sounds 97: Proceedings of the Third International Symposium on the Acquisition of Second-Language Speech, Klagenfurt, Austria: University of Klagenfurt, 215 – 222.

150. Major, R. C. 2001. Foreign accent: The ontogeny and phylogeny of second language phonology. Mahwah, NJ: Lawrence Erlbaum Associates.

151. Major, R. C., & Faudree, M. C. 1996. Markedness universals and the acquisition of voicing contrasts in Korean speakers of English. Studies in Second Language Acquisition, 18: 69 – 90.

152. Major, R. C., & Kim, E. 1996. The Similarity Differential Rate Hypothesis. Language Learning, 46: 465 – 496.

153. Moyer, A. 2004. Age, Accent and experience in second language acquisition. Clevedon: Multilingual Matters. Müller, M. 1861/1965. Lectures on the science of language. New Delhi: Munshi RamManohar Lal.

154. Munro, M. J., Derwing, T. M. & Flege, J. E. 1999. Canadians in Alabama: A perceptual study of dialect acquisition in adults. Journal of Phonetics, 27, 385 – 403.

155. Nayak, N, Hanse, N., Krueger, N. and McLaughlin, B. (1990). Language-learning Strategies in Monolingual and Multilingual Adults. *Language Learning*, 40: 2, 221 – 244.

156. Neufeld, G. G. 1979. Towards a theory of language learning ability. Language Learning, Vol. 29, No. x, 227 – 241.

157. O'Malley, J. M. et al. 1985. Learning strategies used by beginning and intermediate ESL students. Language Learning, Vol. 35, No. 1, 21 – 46.

158. Odlin, Terence. 1989. Language transfer: cross-linguistic influence in language learning. Cambridge: Cambridge University Press.

159. O'Malley, J. M & Chamot, A. U. 1990. Learning strategies in second language acquisition. Cambridge: Cambridge University Press.

160. Osgood, C. A. 1946. Meaningful similarity and interference in learning. Journal of ExperimentalPsychology, 36: 277 – 301.

161. Oxford, R. L. 1990. Language Learning Strategies: what every teacher should know. NY: Newbury House.

162. Oyama, S. 1976. A sensitive period for the acquisition of non-native phonological system. Journal of Psycholinguistic Research, 5: 261 – 283.

163. Piske, T, MacKay, I. R. A., Flege, J. E. 2001. Factors affecting degree of foreign accent in an L2: A review. Journal of Phonetics, 29: 191 – 215.

164. Purcell, E. T. and Suter, R. W. 1980. Predictors of pronunciation accuracy: A re-examination. Language Learning, 30, 271 – 287.

165. Richards, J. & John, P. 1992. Longman Dictionary of Language Teaching and Applied Linguistics. Essex: Longman.

166. Richards, J. C. & Rodgers, T. S. 2001. Approaches and Methods in Language Teaching. Cambridge, England: Cambridge University Press.

167. Ringbom, Håkan. 2007. Cross-linguistic similarity in foreign

language learning. Clevedon, England. Buffalo: Multilingual Matters.

168. Rubin, J. 1981. Study of cognitive progresses in second language learning, Applied Linguistics, Vol. 2, No. 2, 117 – 131.

169. Rubin, J. 1975. What the "good language learner" can teach us. TESOL Quarterly, 9, 41 – 51.

170. Scherer, K. R., & Giles, H. (1979). Social markers in speech. Cambridge: Cambridge University Press.

171. Schmid, S. 1997. The naturalness differential hypothesis: Cross-linguistic influences and universal preferences in interlanguage phonology and morphology. Folia Linguistica, 331 – 348.

172. Scovel, T. 1969. Foreign accents, language acquisition, and cerebral dominance. Language Learning, Vol. 19, pp. 245 – 253.

173. Scovel, T. 1988. A time to speak: A psycholinguistic inquiry into the critical period for human speech. New York, NY: Newbury House/Harper & Row.

174. Scovel, T. 2000. A critical review of the critical period research. Annual Review of Applied Linguistics, 20, 213 – 223.

175. Selinker, L. 1972. Interlanguage. International Review of Applied Linguistics, 10: 209 – 231.

176. Selinker, Larry. 1992. Rediscovering interlanguage. New York: Longman.

177. Sharwood Smith, M., & Kellerman, E. (1986). Crosslinguistic influence in second language acquisition: An introduction. In E. Kellerman & M. Sharwood Smith (Eds.), Cross-linguistic influence in second language acquisition. New York: Pergamon Press.

178. Sheldon, A., & Strange, W. 1982. The Acquisition of /r/ and /l/ by Japanese learners of English: Evidence that speech production can precede speech perception. Applied Psycholinguistics, 3: 243 – 261.

179. Smit, Ute, 2002. The interaction of motivation and achievement in dvanced EFL pronunciation learners. International Review of Applied Linguistics in Language Teaching, Volume 40, Issue 2, pp. 89 – 116.

180. Strange, W., & Shafer, V. L. 2008. Speech perception in second language learners: The re-education of selective perception. In J. G. Hansen Edwards & M. L. Zampini (eds.), Phonology and second language acquisition, Philadelphia: John Benjamins.

181. Swain, M. and Lapkin, S. 1998. Interaction and second language learning: Two adolescent French immersion students working together. Modern Language Journal, Vol. 83, No. 3, 320 – 337.

182. Tahta, T., M. Wood & Loewenthal, K. 1981. Foreign accents: factors relating to transfer of accent from the first language to a second language. Language and Speech, Vol. 24, No. 3, 265 – 272.

183. Tarone, E. 1988. Variation in interlanguage. London: E. Arnold.

184. Tench, P. 1996. Methodology in phonological interlanguage in IRAL, 34, 4, pp. 241 – 260.

185. Vainikka, A., & Young-Scholten, M. 1996a. The early stages of adult L2 syntax: Additional evidence from Romance speakers. Second Language Research, 12: 140 – 176.

186. Waniek-Kimczak, E. 2002. How to predict the unpredictable- Englishword stress froma Polish perspective. In E. Waniek-Kimczak &

P. J. Melia (eds.), Accents and speech in teaching English phonetics and phonology, Frankfurt: Peter Lang, 221 – 241.

187. White, L. 2003. On the nature of interlanguage representation: Universal Grammar in the second language. In C. J. Doughty & M. H. Long (eds.), The handbook of second language acquisition, Malden, MA: Blackwell, 19 – 42.

188. William, L. 1972. Sociolinguistic patterns. Philadelphia: University of Pennsylvania Press.

189. Wode, H. 1983a. Phonology in L2 acquisition. In H. Wode (ed.), Papers on language acquisition, language learning and language teaching, Heidelberg: Groos, 175 – 187.

190. Wode, H. 1983b. Contrastive analysis and language learning. In H. Wode (ed.), Papers on language acquisition, language learning and language teaching, Heidelberg, Germany: Groos, 202 – 212.

191. Xiao, Y. 2006. Heritage learners in the Chinese language classroom: Home background. Heritage language journal, 4 (1), 47 – 57.

附录一

语音变调

1. 上声变调

a. 在单念、句尾或需要强调时,上声字念原调。例如:

饱、口、品

太难啃。

工作干不成了说是"丢了饭碗"。

b. 在阴平、阳平、去声或轻声字前上声字念半上声。例如:

中国人的"吃"不单**指**入食充饥,还具**有**广泛的文化**指**称。

吃着吃着吃出味道来,就可以开**始**议论"人**品**"了。

c. 两个上声字相连时,前一个上声字的调值变得接近阳平。例如:

五彩缤纷　影响　产品　几口　女子

d. 三个或以上的上声字相连,先按照语义或词汇结构紧密程度将其划分成小节,再按上述(条c)规律变调。例如:

影响｜好　　产品｜法

美｜女子　　有｜几口

请把｜产品法｜草稿｜给我。

2. "一""不"的变调

原调 \ 变化规律	词尾、单用（或一在表序数、基数时）	在第一声前	在第二声前	在第三声前	在第四声前	在中间
	读原调	读去声	读去声	读去声	读阳平	读轻声
一	不一而足、统一、天人合一、唯一	一颗	一条	一口	一个	等一等
不	不	不高	不服	不懂	不去	啃不动

附录二

汉语语音难点问卷调查

姓名：　　　　年级：　　性别：　　日期：

1. 你认为自己的汉语水平在哪个阶段：

　　　1　　2　　3　　4　　5

听力

语音

2. 按照学习难度分级，圈出相应的数字：

　　　1　　2　　3　　4　　5

语调

声调

声调分辨

拼音分辨

拼音发生

以下拼音难点，在合适的地方打"✓"。难度由低到高分5级。

	第一学期	第二学期	第三学期	第四学期	第五学期	第六学期
	1 2 3 4 5	1 2 3 4 5	1 2 3 4 5	1 2 3 4 5	1 2 3 4 5	1 2 3 4 5
清塞音 b、d、g						
擦音 h						
舌尖前音 z						

续表

	第一学期 1 2 3 4 5	第二学期 1 2 3 4 5	第三学期 1 2 3 4 5	第四学期 1 2 3 4 5	第五学期 1 2 3 4 5	第六学期 1 2 3 4 5
舌尖后音 zh、ch、sh						
舌尖后音 r						
舌面 j、q、x						
单韵母 ü						
单韵母 er						
鼻韵母 eng						
声调						

附录三

学生问卷(1)

基本情况

1. 姓名：_____

2. 性别：男　　女

3. 所在年级：一年级　　二年级　　三年级　　四年级

4. 你在加拿大居住了多久？

5. 你是否在其他说英语的国家居住过？　是　　否

6. 如果"是"，请列出国家名称和居住年期。

　　国家：_____　　年期：_____

　　国家：_____　　年期：_____

　　国家：_____　　年期：_____

汉语学习背景

7. 开始学习汉语的年龄：

　　0~6岁　　6~12岁　　12~18岁　　18岁及以上

8. 你每天用多少时间说汉语？（请选择一个）

　　0~20%　　20%~40%　　40%~60%　　60%~80%　　80%~100%

9. 你之前在哪里学过汉语？学了多久？（包括加拿大及其他国家）

学校：_____ 年期：_____

学校：_____ 年期：_____

学校：_____ 年期：_____

汉语语音学习情况

10a. 你是否曾学习过汉语语音（作为单独的课程或汉语课程的一部分）？

是　　否

如果是，请回答 10b

10b. 你是否学过

声母：　　是　　否

韵母：　　是　　否

声调：　　是　　否

轻声：　　是　　否

儿化：　　是　　否

变调：　　是　　否

学习主动性

11. 遇到不会发的音，你是否会查字典？

12. 你是否曾主动向母语是中文的人请教发音？

13. 除了课堂学习，你还通过哪些途径学习汉语语音？

A. 网络　B. 课外辅导　C. 电视电影

D. 歌曲　E. 朋友　F. 家人　G. 其他：

14. 汉语语音的学习目标是：_____。

对汉语语音的运用

15. 什么情况下能激发你说汉语？

_____。

16. 什么时候你对发音缺乏自信？

打电话　　买东西　　看病　　去银行

其他：_____。

附录四

学生问卷（2）

第1~2周：

1. 你对自己的中文发音有什么期望？
2. 如果人们能听懂你说什么，你觉得这样是否就够好了？
3. 在课堂以外，别人说汉语，你是否会留意？
4. 在课堂以外，你怎么改善汉语语音？

第3~6周：

5. 上星期的中文课上学的内容，你都记得哪些？
6. 课上的活动，有没有你觉得对发音特别有帮助的？
7. 在过去的一周，你是否使用过中文？
8. 你是否留意同学和自己的发音？
9. 你觉得自己的发音在进步吗？

第7~12周：

10. 你对自己的中文发音有什么期望？
11. 如果人们能听懂你说什么，你觉得这样是否就够好了？
12. 在课堂以外，你是否找机会和别人练习汉语？

13. 上星期的中文课上学的内容，你都记得哪些？
14. 在过去的一周，课外你是否使用过几次中文？
15. 你觉得自己的发音在进步吗？
16. 过去一周，你学到哪些新的中文语音知识？

第 13~18 周：

17. 你觉得汉语语音的难点在哪里？
18. 对你来说，学好汉语语音，最重要的方法是什么？
19. 课堂以外，在什么情况下，你会说汉语？
20. 遇到困难，你怎么办？
21. 你的发音是否在进步？
22. 说中文时，是否得到别人的称赞？

第 19~24 周：

23. 你觉得学汉语有意思吗？
24. 这学期以来，你都用哪些方法提高语音？
25. 你最喜欢哪一类练习？
26. 你觉得掌握汉语轻声、变调、儿化等语言现象，重要吗？
27. 你的语音在进步吗？

第二年：

28. 学汉语对你的生活和学习带来了怎样的改变？
29. 你觉得汉语课堂教学是否还能帮助你提高语音？
30. 过去两个月（暑假里），你是否有机会说汉语？
31. 你觉得你的语音在进步吗？

第三年：

32. 你对自己的语音有怎样的目标？
33. 中文歌曲、影视、报刊，你是否有所接触？
34. 去购物、银行等，是否有自信和陌生人说汉语？
35. 你觉得你的语音在进步吗？

附录五

学生艾龙对汉语语音习得的
经验总结

My thoughts on language tied into my experience learning Chinese.

1. Regarding sounds that don't exist in English...

One of the wonderful things about our brains is how they tolerate variety in understanding speech sounds. If I'm listening to someone from France speak English, I likely will still understand them *even though the words they are saying sound completely different from mine.* The pronunciation is completely different, but somehow the brain still can convert the sounds they are making into understandable speech patterns.

This characteristic of the brain is wonderful for understanding different accents, but it has a negative impact on learning new speech sounds. The brain listens to incoming sounds and puts them into categories it already recognizes. For example, if someone says "Hoss eet gooin?" my brain will interpret that into "Hows it going?".

Because peoples' brains have a bias towards interpreting and converting foreign sounds into their native sound system, they are able to understand different accents of their own language.

One of the difficulties this brain pattern presents though, is that it makes it hard for people to distinguish between sounds that aren't in their native languages sound system, because they have the inherent desire to place everything inside their native sound system. For example, a native speaker of English might here "这儿" as "jar", but the *zh* in Chinese is actually subtly different from the *j* sound in English, as is the *e* in *zhe'r* from the *a* in *jar*, and also the *r* .

2. For me, learning the sounds in Chinese was at least a two-part process.
(1) Learning to hear the difference between Chinese sounds and English sounds.
(2) a. Comparing the lip and mouth shape in a mirror between my production of a sound, and a native speakers.
b. Learning to reproduce the sounds that I heard and saw.

The first step for me was trying identify the Chinese sound as a *sound*, and not as a part of speech. People have a great ability to distinguish between sounds (eg. high and low musical tones, difference in drum beats etc.). When I stopped trying to convert the Chinese sound into my native sound system, and instead tried to expand my native sound system, it became easier to reproduce what I heard (and saw in the native speakers mouth movements).

3. Regarding specific sounds in Chinese...

Low "Thick" sounds:

These three sounds are very similar to me. They all produced a low sound. Each one has a corresponding "high" sound.

ZH-initially I pronounced *zh* as the *j* sound (as in *jar*), but then realized the tip of the tongue should be placed further back on the roof of the mouth. Corresponding high sound: J

CH-initially I pronounced *ch* as *ch* (*church*), but then realized that it sounded "thicker" in Chinese. Corresponding high sound: Q

SH-initially I pronounced *sh* as *sh* (*shoe*), but then realized it sounded more like "SHHH" like you were telling someone to be quiet (again, "thicker"). Corresponding high sound: X

High "Thin" sounds:

These three sounds are very similar to me. They all produced a higher sound, almost like a whistle. Each one has a corresponding "low" sound. For each of these sounds, it's easier for a beginner to reproduce them if they keep the tip of their tongues touching the back of their lower teeth.

It took me a little while to be able to pronounce these sounds, I had to imagine what my friends' mouths looked like when they said them. Their mouths were stretched a little, like they were about to say "eeeeeeee", almost like a little smile.

J-Like saying *j* (in English) but with the tip of the tongue against the back of the lower teeth. To me, the easier word to practice on in Chinese is *jie*.

Q-like saying *ch* (in English) but with the tip of the tongue against the back of the lower teeth.

X-almost like the S in a hissing snake (ask your students what a snake sounds like), then tell them to place the tip of their tongues against the back of their lower teeth.

The "Yu" Sound

I learned this sound as a "combination" of two sounds. First, I would say "eeee" (as in the long E sound, like the vowel sound at the end of 鸡), and then making sure I didn't move my tongue, I would start moving my lips into the "oooo" (as in the vowel at the end of 路). The Yu sound, to me, is a combination of the E sound with your tongue, and the Oo sound with your lips.

附录六

2010年5月7日访谈伦敦中文学校校长谢曾芳兰女士记录

学校历史：1981年3月，安大略省教育厅资助。

创办人：第一任校长龙赖笑凤女士。

学校隶属：伦敦天主教教育局，在师资、资金、硬件设备等方面提供支持。

伦敦华人团体：全加华人协进会、洪门民治党等团体也提供协助。

义工：伦敦华裔社区及非华裔社区的学生家长。

宗旨：延续中华文化，增强海外华裔后代用母语沟通的能力。

学生：

1. 人数300人左右（最初18人）。

2. 1/4母语为非汉语学生：韩国人、加拿大人收养的中国人。

课程及教材：

小学：中文，暨南大学华文学院编，领馆赞助。

高中：九至十二年级，学分班，Hanyu，澳洲1—4 Peter Cheng Pearson Education Lt.，1998。

粤语班：中国台湾教材/加拿大多伦多编的广东话学生教材。

奖学金：文化办事处CAD800。